ボランティア活動をデザインする

田中雅文
廣瀬隆人 |編著|

学文社

［執筆者］

＊田中　雅文	日本女子大学	（13・14章）
＊廣瀬　隆人	北海道教育大学釧路校	（1・8章）
疋田　恵子	杉並区社会福祉協議会	（2章）
坂口　　緑	明治学院大学	（3章）
村上　徹也	日本福祉大学	（4章）
笹井　宏益	国立教育政策研究所	（5章）
柴田彩千子	東京学芸大学	（6章）
宮地　孝宜	東京家政大学	（7章）
森　　照代	作新学院高等学校	（9章）
阿比留久美	早稲田大学	（10章）
中村　　香	玉川大学	（11章）
梶野　光信	東京都教育庁	（12章）
浅川　葉子	NPO法人ジェン	（特講1）
八木　　茂	宇都宮市社会福祉協議会	（特講2）

（執筆順，＊は編者）

はじめに

「ボランティア元年」といわれた1995年の阪神・淡路大震災から早くも20年近くが経過しようとしている。この間、ボランティア活動は日本の社会に浸透し、地域コミュニティや環境、福祉、国際協力などさまざまな領域で不可欠な存在と認識されるようになった。2011年3月に発生した東日本大震災が、そうした社会認識に拍車をかけた。こうした潮流のもと、ボランティア活動に対する人々の関心が高まるとともに、ボランティアのコーディネーションを行うNPOなど民間非営利組織の役割も増大している。近年になって頻発している自然災害への救援活動を例にとると、次のようである。

地震、津波、豪雨による洪水、土砂災害、竜巻、台風、火山噴火、豪雪といった自然災害が、防災・減災対策を後回しにしてきたつけとあいまって、私たちの生活の大きな脅威となっている。災害の頻発とともに被災者数も増加している。このような事態を受け、「災害救援活動」を活動分野にあげている特定非営利活動法人（NPO法人）は、2003年3月に255団体であったのに対し、2013年3月には3734団体と、この10年間で10倍以上に増加した。それでも、災害が頻発すればボランティアも疲弊しすべてに対応できなくなるおそれがある。ボランティアが必ずしも充足しているわけではないのである。

行政サービスと市場経済では解決できない課題が山積する現代社会においては、災害救援に限らずあらゆる領域でボランティアへの期待が大きい。企業によるボランティア休暇の充実、NPOや行政による活動の場の拡充と情報提供など、市民とボランティア活動の距離を縮め、一般の市民が活動に参加しやすい環境をつくっていくことが必要であろう。

本書では、このような環境づくりを「ボランティア活動のデザイン（設計）」と呼び、ボランティア活動についての基礎的な知識を提供するとともに、そう

したデザインに向けたさまざまな視点や課題を提示することを目的にしている。

　第1章では，本書の鍵概念であるボランティアについて，先行的な見解を整理するとともに現代的な特徴を考察している。第2～3章では，ボランティア活動を理解するための基礎として，その実際と理念・歴史をまとめている。第4～8章では，市民社会，政策，まちづくり，学校支援，社会教育施設という各側面から，ボランティア活動の位置づけと課題を論じている。第9～10章では，青少年の成長からみたボランティア活動の意味を論じている。第11～13章では，企業の社会貢献と人々の学びといった観点から，ボランティア活動の現代的な意義を探究するとともに，ボランティアのコーディネーションという考え方を投げかけている。第14章では，各章のまとめとボランティア活動のデザインにおける今後の課題と展望を考察している。最後の特講では，災害復興におけるボランティア活動とそのコーディネーションを論じている。

　本書はボランティア活動のたんなる解説書ではなく，ボランティアをいかに活かすかという実践的な観点から課題を浮き彫りにしようとしたものであり，系統的に学べるテキストとして編まれている。大学の授業，行政職員・NPOスタッフやボランティアの研修，さらには一般の方々の入門的な学習など，さまざまな場面で有効に利用されることを確信している。

　ボランティアという言葉が日本社会に広く定着したとはいえ，活動に熱心で継続性の高いコアなボランティアから一度きりのボランティアまで多様である。ボランティアという概念自体も拡散ぎみである。このような潮流のなかで，本書の読者が今一度ボランティアやボランティア活動の意味をふり返り，現代社会の課題にまで思いをめぐらせてもらえれば本望である。

　最後に，学文社の二村和樹さんには，本書の企画段階からご助言をいただくなど大変お世話になった。この場を借りて心からお礼を申し上げる。

平成25年10月

田中雅文・廣瀬隆人

目　次

はじめに

第1章　ボランティアとは何か ─────────────────── 1
1　ボランティアという「言葉」の特徴〈1〉　2　ボランティアとは何か〈3〉　3　「無償」をどのようにとらえるのか〈10〉

第2章　ボランティア活動の実際 ──────────────── 12
1　ボランティア活動の領域・分野と形態〈12〉　2　ボランティアの特性〈16〉　3　ボランティア活動を支援する団体〈20〉

第3章　ボランティア活動の理念と歴史 ─────────── 23
1　ボランティアの語源〈23〉　2　チャリティとフィランソロピー〈25〉　3　ヴィクトリア朝時代のイギリス〈28〉　4　福祉国家とボランティア〈31〉

第4章　市民社会とボランティア ──────────────── 34
1　ボランティア活動からみた市民社会についての概念整理〈34〉　2　市民社会におけるボランティアの位置〈36〉　3　市民社会における民間非営利組織とボランティア〈39〉　4　民主主義社会における公共に対する市民社会とボランティアの役割〈42〉

第5章　ボランティア活動の推進にかかる政策 ─────── 44
1　ボランティア活動と統治作用〈44〉　2　政策立案にあたっての視点と手法〈48〉　3　参加と協働の推進にかかる政策立案〈52〉　4　市民協働と政策立案〈54〉

第6章　まちづくりにおけるボランティアの意味 ────── 55
1　まちづくりの諸相〈55〉　2　まちづくりにおけるボランティア活動の深まり―住民参加から住民主体へ―〈59〉　3　地域を創造するボランティア活動の実践事例〈60〉

第7章　学校支援ボランティア ———————————————— 65

1　学校支援ボランティアとは〈65〉　2　学校支援ボランティアの実際〈70〉　3　学校支援ボランティアの可能性と課題〈73〉

第8章　社会教育施設ボランティア ———————————————— 76

1　社会教育施設とは何か〈76〉　2　社会教育施設ボランティアの意義〈77〉　3　社会教育施設ボランティア活動の現状と活動内容〈78〉　4　社会教育施設ボランティアの課題〈80〉　5　社会教育施設ボランティアの展望—受入から協働へ—〈85〉

第9章　学校教育におけるボランティア学習 ———————————————— 87

1　ボランティア学習という考え方〈87〉　2　学校におけるボランティア学習の推進〈88〉　3　学校におけるボランティア学習の実際〈89〉　4　ボランティア学習の課題〈96〉

第10章　若者の「自立」とボランティア活動 ———————————————— 98

1　若者の「自立」をめぐる変化〈98〉　2　青少年施設における若者の社会参加とボランティア活動〈100〉　3　高等教育機関における教育と体験活動〈103〉　4　若者の社会参加とボランティア活動の方向性〈106〉

第11章　企業の社会貢献活動と社員のボランティア活動 ———————————————— 108

1　企業とボランティア〈108〉　2　社会貢献活動の展開〈110〉　3　社会貢献活動の特徴〈112〉　4　社会貢献活動の実際〈114〉　5　今後の展望と課題〈117〉

第12章　ボランティアのコーディネーション ———————————————— 119

1　ボランティアコーディネーションとは何か〈119〉　2　ボランティアコーディネーターの役割と仕事〈121〉　3　これからの中間支援組織に期待される役割〈126〉

第13章　学びからみたボランティア活動 ———————————————— 128

1　ボランティア活動は学びの宝庫〈128〉　2　活動を実践するための学び—さまざまな学習活動—〈129〉　3　活動を通した学び—状況的学習—〈131〉　4　人々に対する学びの支援〈134〉　5　ボランティア活動と学びの循環構造〈134〉

第14章　ボランティア活動のデザインに向けて—課題と展望— ———————————————— 138

1　社会の土台を支えるボランティア〈138〉　2　ボランティアを育てる〈139〉　3　ボ

ランティアを活かす〈141〉 4 学びとの相乗効果を促す〈143〉 5 ボランティア活動のデザインに向けて―課題と展望―〈144〉

特講 災害復興におけるボランティア ———————————————— 149

1 JEN（ジェン）の活動事例―「新しい未来」をボランティアとともに―
  1 災害復興におけるボランティアの位置〈149〉 2 緊急復興支援の専門NPOとしてのJEN〈150〉 3 新潟県中越地震での緊急・復興支援〈150〉 4 東日本大震災での緊急・復興支援〈152〉 5 ボランティアへの期待〈153〉
2 宇都宮市災害ボランティアセンターの活動事例
  1 宇都宮市災害ボランティアセンターと災害ボランティア〈154〉 2 災害ボランティアの役割と可能性〈155〉 3 ボランティアバスと災害ボランティア〈156〉 4 災害ボランティア活動の課題〈159〉

資 料 ———————————————————————————— 161

1. ボランティア活動の実態〈161〉 2. ボランティアの意識―国民生活選好度調査―〈164〉 3. ボランティアの意識―社会福祉関係者調査―〈166〉 4. 国民の社会志向および社会への貢献意識〈169〉 5. ボランティアおよびボランティア団体の推移〈171〉 6. ボランティア活動の歴史〈172〉

索 引〈175〉

第1章
ボランティアとは何か

本章のキーワード
● 自発性 ● 社会性 ● 公共性 ● 無償性

▶▶▶ ボランティアという言葉は，十分に咀嚼されずに日本語として定着したことから，使う主体の意識や理解の仕方によって多様に解釈され定義しづらいものとなっている。さまざまな側面をもつボランティアではあるが，その本質は，自発性と社会性に収斂される。また，ボランティアはその自発性と自主性が前提となりながらもそれがゆえに国家や行政だけでなく，市民社会の多様な主体からも別な意図で利用されやすい側面をもっている。公共性や社会性という要素も，ボランティアのもつ自己有用感や必要とされる喜びのなかで，ともすると社会変革への意欲や健全な批判精神までも忘却させてしまう可能性がある。それらを防止するには，丁寧なふりかえりと継続的な学習が必要である。

1 ボランティアという「言葉」の特徴

　ボランティアという言葉は，英語の volunteer がそのまま翻訳されずに，日本語（外来語）として定着し，現代の日本社会では広く周知され，単なる社会現象としてではなく，社会を構成するシステム，あるいは価値として認識されている。しかし，ボランティアは，その言葉や意味が十分な咀嚼のないままに日本社会に受容されている側面がある。ボランティアは，言葉の意味や原理などを知らなくても自由意思でボランティア活動に参加できるからである。

同時にボランティアという言葉は，研究者や活動家によって咀嚼の仕方や度合いが異なるため，しばしば極端に抽象化され，あるいは実践家は自らの活動内容や方法，意思に影響されて説明をする。そのうえ，現実を表現する側面だけでなく，説明主体の思いや願いが込められた使われ方，説明のされ方をする。

　自治体職員を含めた一般市民にあっては，その人の咀嚼の度合い，理解の仕方のみならず，経験や思い込みによっていくつかのステレオタイプをみることができる。例えば，「ただ働き」「犠牲的精神」「自己満足」「暇つぶし」「わがまま」「偽善」「慈善」「社会奉仕」「美徳」などがそれである。このように，ボランティアの理解の仕方には大きな差異があると同時に，文脈上多様な使い方を許してしまい，ボランティアという言葉は定義しづらい言葉になっている。

　加えてボランティアの説明には，決まりきったように理念や原則として「～性」があげられる。例えば，主体性・自発性，社会性・公共性，無償性・非営利性，先駆性・創造性・開拓性など，実に多くの性格がしばしば列記されるのが特徴である。説明主体によって4原則であったり，3原則であったりこれもまた多様である。これらはボランティアの特徴を具体的に表現するとともに，ボランティアとそうでないものを区別する必要性によって示されている。

　いっぽう，活動する市民の側は，それほど高邁な精神や理念，原則を意識しているわけではなく，一緒に行こうと誘われて，実際に汗を流してみて，無償で人の役に立つことの充実感を感じるのである。活動しているうちに次第にその社会性や公共性に気づいていくのが現実であり，最初から社会変革をめざして活動するという事例はむしろレアケースである。長く活動を継続するなかで，必要に迫られて自分のしている活動をふりかえるときや何か課題が生まれたときに，立ち止まり「ボランティアとは何か」を改めて問い直すのである。

　このように，ボランティアという言葉は広く周知されていると同時に，ときには関係者の願いや意図を超えて多様な理解を可能する言葉として使用され続けている。しかし，どれが誤りでどれが正しいという判断も困難である。どれもボランティアの一側面をやや誇張したものや，その意義や有効性を強調したものである場合が多いからである。ボランティアという言葉や概念を理解する

ためには，学習するだけでなく，活動するなかで培っていくことが重要である。

2　ボランティアとは何か

　ボランティアという言葉の原理や概念は第3章に詳述しているので，ここでは詳しくはふれないが，いくつかの文献で紹介されているボランティアの説明を見ながら，ボランティアとは何かを考えてみよう。

　ボランティアという言葉は，少なくとも言語としてはボランティア活動をする「人」を示し，活動の場合は「ボランティア活動」という表現もみられる。とくにルールがあるわけではなく，これは文脈上理解するしかない。

　ここでは，過去の国の審議会による答申や意見具申，報告にみられる「ボランティア」の説明とともに，先行文献にみられる定義や説明をみていこう。

(1)　国の審議会における答申・報告などにみられる例

　以下に示すとおり，「ボランティア活動」は，いずれも自発性や自由意志が最初に説明され，次に社会との関係にふれられている。しばしば特徴として話題になりやすい「無償性」については，生涯学習審議会のみ取り上げている。

　①生涯学習審議会答申「今後の社会の動向に対応した生涯学習の振興方策について」(1992年7月)

> 　ボランティア活動は，個人の自由意思に基づき，その技能や時間等を進んで提供し，社会に貢献することであり，ボランティア活動の基本的理念は，自発（自由意思）性，無償（無給）性，公共（公益）性，先駆（開発，発展）性にあるとする考え方が一般的である。

　②中央社会福祉審議会地域福祉専門分科会意見具申「ボランティア活動の中長期的な振興方策について」(1993年7月)

> 　ボランティア活動は，みずからの自由意思で行うものであって，その技能や時間などを進んで提供し，他人や社会に貢献すること。

③国民生活審議会総合政策部会市民意識と社会参加活動委員会報告「個人の自立と社会参加」(経済企画庁, 1994年6月, p.57)

> ボランティア活動は, 自発性に基づく行為であり, かつての慈善や奉仕の心にとどまらず, 地域社会への参加や自己実現, 相互扶助, 互酬性といった動機に裏付けされた行動であると認識されている。

（2） 先行文献で示された説明の例

讃岐幸治は,「なによりも他から命令や強制されてではなく, 自らすすんで, 自分の持てる力を他者や社会のために役立てていく活動」をボランティア活動であると説明している(『ボランティア・ラーニング』JYVA日本青年奉仕協会, 1996年, p.24)。筒井のり子は, ボランティア活動の本質として「つきつめればボランティア活動とは, ①自分意思でおこなう（自発性）, ②自分や身内のためだけにするのではない（社会性・公益性）の2点につきるということだ」(『施設ボランティアコーディネーター』大阪ボランティア協会, 1998年, p.10) と焦点化して説明している。讃岐と筒井は, 国の答申や報告と同様に自発性と社会性に本質をみており, 筒井はこの2つからほかの性格が派生していくという。

内海成治は, ボランティア活動とは,「自分から率先して行う人道的な活動であり, 責任を伴うものであること, そしてそこから得るものがある活動」と説明している(『ボランティア学のすすめ』昭和堂, 2001年, p.114-115)。興梠寛は,「自らの自由意志で, 主体的に行動する人」をボランティアとし,「主体的に活動の目的を定めて行動したり, 複数の人びととともにその目的を共有して行動したり, ボランティアを必要とする人や組織の要請に共感したりして行動すること」をボランティア活動であると説明している(『希望への力』光生館, 2003年, p.59)。内海は人道的な活動であることや責任, 互酬性を表現し, 興梠は加えて人のつながりや目的の共有や共感に重点がおかれている。

大阪ボランティア協会の早瀬昇は, volunteerがラテン語のvolo（ウォロ）(=「～を欲する」「喜んで～する」)を起源とすることからはじめ, その派生語であるvoluntasを「自由意志」と解説している。つまるところ, 自らの意思

で行動することを意味しており，1647年の清教徒（ピューリタン）革命のなかで，家族やコミュニティを守るために自主的に立ち上がった人々をさしていると説明する。さらにオックスフォード大辞典を引用して，自警団や志願兵，義勇兵という使用例が紹介されている（岡本栄一編『ボランティア・NPO用語事典』中央法規，2004年，p.2-4。早瀬昇・筒井のり子『市民社会の創造とボランティアコーディネーション』筒井書房，2009年，p.4-6）。新崎国広は，ボランティアを「自分の感じた関心や矛盾や怒りを他人事と客体化せず，自らの問題として考え，解決に向けて主体的かつ協同的に行動する人である」とし，ボランティア活動を「さまざまな社会的課題や矛盾に対しての疑問や怒りといった気づきを原点として行う，金銭的でのみかえりを期待しない「個人発」の主体的かつ社会連帯を基盤にした公共的活動である」と説明している（新崎国広「第1章 ボランティア活動とは」岡本栄一監修『ボランティアのすすめ―基礎から実践まで―』ミネルヴァ書房，2005年，p.26-27）。

早瀬は自発性に本質があることを論証しているが，新崎は主体性をより深く追究している。社会的な課題に対しての疑問や怒り，気づきといった人間的な感情を社会連帯にまで高めた説明をしていることに特徴がある。

国の答申や報告，先行文献を見ても「自由意思・自発性」が最初に示された条件であり，ついで「他人や社会に対する働きかけ」であることが示されている。ボランティアがもつたくさんの意味や意義をそぎ落とし，本質的なものだけに絞り込めば，やはり筒井らが指摘する以下の2点にあると考えられる。

（3） 自発性・主体性

ボランティア活動とは，自発的な意思にもとづく主体的活動であること。誰からも強制されない活動であること。自発性，主体性・自主性などとも表現されるボランティアの最も基本的な性格である。自発的な意思なるがゆえに無償でもその活動に参加するのである。活動するかどうか，活動内容をも自分で考えて決めることができるのである。この自発性を草地賢一は，友人のことばとして「いわれなくてもやる，いわれてもしない」という表現を紹介している

(草地賢一「市民とボランティア」酒井道雄編『神戸発阪神大震災以後』岩波書店，1995年，p.175)。自分の意思で活動するが，自分以外の意思では活動しないことが明確に示された言葉である。

　自発性については，長沼豊は主体性・自主性と混在していると指摘している。すなわち，自発性は活動そのものを行うかどうかを自分で意思で決めること「スタート時の内面的なありよう」を意味しているが，主体性といった場合には，活動の最初から最後まで一貫してほかの意思から独立した存在であることを意味するという(『新しいボランティア学習の創造』ミネルヴァ書房，2008年，p.44)。いわば，草地が指摘した「いわれなくてもする」が自発性にあたり，「いわれてもしない」が主体性と理解することができよう。

　この自発性に着目して，ボランティアが市場や行政に取り込まれ，社会を変えるどころか，矛盾に満ちた社会システムに包摂されてしまう危険性を指摘した論調もみられる。1999年には，『現代思想』(vol.27-5)で「市民とは誰か」が特集されている。そのなかで中野敏男が「ボランティア動員型市民社会の陥穽」，渋谷望が「〈参加〉への封じ込め」で早くもボランティア・市民活動の危険性について指摘している。中野は，「自発性」を「直ちに「人間の主体の自立」の表れだなんて賛美できるのだろうか。(中略)今日，ボランティア活動の意義をひときわ声高に宣揚している者とは，誰なのか」(p.75)を問うている。そして「国家システムが主体(subject)を育成し，そのようにして育成された主体が対案まで用意して問題解決をめざしシステムに貢献するという(「アドボカシー(advocacy 政策提案)型の市民参加」)，まことに都合よく仕組まれたボランティアと国家システムの動態的な連関である。すなわちボランタリーな活動というのは，国家システムを越えるというよりは，むしろ国家システムにとって，コストも安上がりで実効性も高いまことに巧妙なひとつの動員のかたちでありうるのである」(p.76)といい，ボランティアの自発性を讃えるだけでは，「進行するシステム動員の重大な隠蔽に寄与しかねない」(p.76)とその危険性を指摘する。

　渋谷は前掲の中央社会福祉審議会意見具申(1993)に対して，「自己実現」

という「快楽」のテーマと,「コミュニティへの参加」という義務的, 道徳的テーマが収斂するポイントとなっているとし, また,「国家福祉の役割の後退が所与とされ, 個人の（地域）『コミュニティ』へのボランティア的—『無償』の—『参加』が『自己実現』の一環として称揚されている」(p.99) と指摘しており, 同じくボランティアの自発性が国家によって, コミュニティへの参加に包摂されていく危険性を指摘している。関嘉寛は,「自発性を無自覚に根拠にすると, どこかで論理のすりかえが起きてしまうのだ。それは, 結果として, 矛盾や問題をはらむ社会構造を温存することになりかねない」(内海編, 前掲書, p.233) としている。

　このように自発性を基盤とするボランティア活動は, 自発性なるがゆえにほかの主体や別な意図から利用されやすいという危うさをもつ。本人は自分で決めたことだ, 自分がしたいことなのだと思い込んでしまい, 巧妙に仕組まれた意図やそのしくみに気づかないこともおきる。この手に負えない自発性は,「ボランティア活動はよいことだ」という前提が基本にあるからである。だから, そうした前提を丁寧に問い直すことが必要なのである。

　現実と向き合い, 自分に何ができるのかを考え, 行動し, その活動を丁寧にふり返ることが, ボランティアの自主性・自発性を担保しうる。こうしたボランティア活動の学習側面を大切にすることによって, 別の意図から利用される危険性を回避できるものと考えられる。しかし, 肉体的な疲労のなかで, 今日の活動の内容をふり返り, これでよかったのかを問い, そしてその意味を問うことは現実的に容易ではない。

　とくに大学生や高校生のボランティア活動に際して, しばしば主催者側の「勉強になるから参加しませんか」というあの主体性を無視した勧誘の実態は, ボランティアが「何でも素直に主催者のいうことをきく, 都合のよい若者」でしかないことを示している。青少年のボランティアを「利用しよう」とするのは, 国家やシステムではなく, しばしば市民活動や非営利団体（NPO）である場合も多い。青少年に自分で考えさせることを止めさせ, 実態をよく把握している大人によって指示され,「従順な自発性」が埋め込まれていく。

（4） 社会性・公共性

　ボランティア活動は，他人，地域や社会といった社会に対する働きかけ，関係づくり，変化を生み出す活動である。

　これらは，社会性，公共性，公益性，先駆性とも表現される。個人的な趣味や買い物，娯楽などはどんなに自発的，主体的といってもボランティア活動ではない。そこに不特定多数の利益，公益をめざすことが必要になる。だから，移動が困難な高齢者のため代わりに買い物をしてくる活動や，プレーパークで子どもたちと遊ぶというボランティア活動もある。

　私的な活動と公共性のある活動は断絶された別の活動ではなく，つながっている可能性がある。早瀬昇は「「私」と「公」の間の連続性を見出す視点をもつことが大切」であるとし，「普段の暮らしを「開く」と公共的になる」と指摘している（早瀬・筒井，前掲書，p.9）。金子郁容は，「ボランティアとは，その状況を「他人の問題」として自分から切り離したものとはみなさず，自分も困難を抱えるひとりとしてその人に結びついているという「かかわり方」をし，その状況を改善すべく，働きかけ，「つながり」をつけようと行動する人である」（『ボランティア　もうひとつの情報社会』岩波書店，1992年，p.65）と説明している。いわば，困難をかかえる存在に出会い，共感し，それを他人の問題として看過することができず，自分が「かかわる」ことを通じて，連帯していこうとする営みであること説明している。興梠寛は，イギリスの教育学者であるアレック・ディクソンのボランティア活動の定義を次のように紹介している。「ボランティア活動とは，自らの自由意志によって，社会に参加し，社会を変革し，社会を創造することができる，すべての人びとにあたえられた基本的権利である」（興梠，前掲書，p.60）。興梠は，同書のなかで一貫して，ボランティアを社会との関係でとらえることを試みている。前述のディクソンの定義を下敷きに「ボランティア活動は，たんなる"善意の意志の表現活動"ではない。ひとりの責任ある社会人としての自覚を自らの力で育み，やがては"自立した市民"として，社会に参加し，社会を創造し，社会を変革するための，市民による主体的な行動である」（同上書，p.74-75）としている。

このように社会性・公共性は，ボランティアを理解するうえで欠かすことのできない要素であることがわかる。

　ボランティア活動は，高齢者や障がい者，子育て中の母親，被災者などさまざまな困難をかかえた人々とともに行われることが多い。その困難はいつでも自分にもふりかかってくるものでもある。そしてその活動は，切り取られた社会のさまざまな場面であることに気づく。ボランティア活動の現場には，そうした社会の矛盾や課題，さまざまな支援から置き去りにされた人々の存在にも気づかせられることが多い。活動のなかで自分たちの活動だけでは到底解決のできない現実も知る。そこから次第に社会の不条理や矛盾に気づき，怒りや悲しみを伴いながらもどんな社会を創っていったらよいのか，どのような社会に変えていくべきなのかを考えることになる。したがって，最初から社会変革をめざしてボランティア活動をするのではなく，活動を通じて，学習必要と学習活動が生まれ，社会性が育まれているのである。自分のためではなく，他人や不特定多数の困難をかかえる人々とともに行う活動のなかから，気づいていくのである。このように「社会性・公共性」には，ボランティア活動そのものの性格（個人の私的な活動ではない）という意味をもつとともに，活動を通じて獲得していくものとしての二面性がある。

　こうしたボランティア活動は，本来行政とは無関係に市民の自発的な意思で行われる活動であるが，国や地方公共団体からも注目され，その支援が行政課題として取り上げられ，1990年代後半から急速に法律や条例の制定，担当課やボランティアセンター，市民活動支援センターの設置まで広がった。

　それは，1995年の阪神淡路大震災，1997年の日本海重油流出事故（ナホトカ号）など災害時に多くの市民が救援活動に参加したことがマスコミで報道されるようになったことに起因している。さらに，2011年3月11日の東日本大震災でもその活動が注目され，13日には政府は災害ボランティア活動担当の内閣総理大臣補佐官を，15日には内閣官房に震災ボランティア連携室（9月16日には廃止）を設置し，震災ボランティア支援を国家として行っている。国家がボランティア活動の公共性を認識しつつあることを示している。このよう

に日本社会では，ボランティアの動向が大きな社会的潮流となっている。

　また，社会参加，社会とのかかわりをもつということについては，社会変革としての意味だけでなく，ボランティア自身が社会から必要とされるという効力感や人や社会の役に立っているという実感をもつことは人間形成や主体形成に与える影響としても意味がある。こうした社会にかかわることによる個人の意志や行動の変容を期待して，サービス・ラーニングなどの教育学習方法としてのボランティア活動が取り入れられている。

　ただし，こうした潮流のなかで，ボランティアは主体性を見失わずに自分の判断や行動を創り上げていくことが大切である。「社会的潮流」は，しばしばボランティアの善意や行動を「社会参加」のなかに包摂してしまい，その充実感や達成感，自己有用観，心地よい人間関係，必要とされる喜びは，当初にあった怒りや批判的な精神や社会変革の意欲を忘却させる。思考し悩むことをしなくなったボランティアは，黙々と無償の労働を続けることなるのである。ボランティアが主体性あるボランティアとしてあり続けるためには，ふり返りと学習活動を継続することに尽きる。学習とボランティア活動は，表裏一体の関係であると考えてよい。

3　「無償」をどのようにとらえるのか

　ボランティアといえば，もう1つの大きな特徴として無償性があげられるが，無給・無償の性格は，自発的な社会参加であることから帰結する性格であると考えることができる。ボランティアはしばしば無償性が代表的な性格として示されるが，むしろボランティアを歪めてとらえてしまう危険性がある。無償は無料と同一視されている。活動にかかる費用は当事者が負担しているという事実が忘れ去られてしまうのである。ボランティア活動は確かに無償の活動ではあるが，必ずしも本質ではない。正確にいうと「報酬を求めない」活動である。それは，交通費や軍手などの資材や材料なども基本的には自前で行うが，場合によっては，交通費や材料費，軍手など作業に必要な諸道具は提供されるケー

スもある。昼食や飲み物が提供されたりする場合もある。これは，「ボランティア活動に対する支援」の1つであり，ボランティア活動に参加するハードルを下げる意味がある。これらは当然に無償の範囲内であり，論争するようなレベルではない。ただし，有償ボランティアという言葉が存在しているのも事実である。その場合，当事者の金銭感覚や報酬との違いが明確になっておらず，検討の余地は残っている。繰り返すが，自ら「報酬を求めない」ことなのであり，主催者がさまざまな配慮や感謝の気持ちの表現としてわずかな金銭が提供されることも可能性としてあるが，一律の取り決めがあるわけではない。

　ボランティアを考える際に，最後に1つだけ確認しておこう。ボランティアは，自発性と社会性に収斂されるとしてきたが，実は実際にボランティア活動をする人々に聴き取り調査をしていくと，そのいずれもが動機づけになっていないことがある。どうやら一緒に行こうと誘われることや，どんなものか行ってみるかというようなそれほど高邁な思想や意思の表現として始まっているわけではないことに気づく，同時に，「気持ち」「心」「良質な人間関係」といった感情面に支配されて行動に移る場合がみられる。ボランティア養成講座で学習した成果を生かして参加したといったような，ステレオタイプはほとんど見られないのである。講座で知り合った人たちの良質な関係をもとに，みんなで被災地に行ったという動機が多くみられる。

　そこで，本章では，ボランティアを「地域や社会をよくしていこう，役に立とうとする意欲や気持ちが自発的に行動になって現れた人」であると定義しておくことにする。

参考文献
内海成治編著『ボランティア学のすすめ』昭和堂，2001年
興梠寛『希望への力　市民社会の「ボランティア学」』光生館，2003年
長沼豊『新しいボランティア学習の創造』ミネルヴァ書房，2008年
日本ボランティアコーディネーター協会編／早瀬昇・筒井のり子『市民社会の創造とボランティアコーディネーション』筒井書房，2009年
仁平典宏『「ボランティア」の誕生と終焉』名古屋大学出版会，2011年

第2章
ボランティア活動の実際

本章のキーワード
多様性 ● 先駆性 ● 市民 ● 当事者

▶▶▶ 1995（平成7）年の阪神淡路大震災以降，「ボランティア」という言葉が日常的にメディアで使われ，学校の授業でもボランティア活動体験が取り入れられるようになった。そのため，いまや「ボランティア」という言葉を知らないという人はいないだろう。いっぽうで，ボランティアセンター（ボランティア・市民活動センター）では「なにかボランティアをしてみたい。どうしたらよいのか」と漠然とした希望をもって尋ねてくる人も多く，実際のボランティア活動がどのように行われているかは広く知られていない。

この章では生活に浸透してきたボランティア活動の実際について，具体的な例をあげながら紹介していく。

1　ボランティア活動の領域・分野と形態

（1）　ボランティア活動の領域

ボランティア活動ならではの領域とは何だろう。まず，「ボランティアが深める好縁」（『国民生活白書』2000年）のなかでは，ボランティア活動の領域について「行政が対応しない極めて個別的な生活のニーズに即して，きめ細かい対応を担っていることである。しかも，採算性の壁があるために，営利企業のサービス提供が困難なところである」としている。それでは，以下で具体的に

見てみよう。

① 生活者の視点を活動に

　主婦たちから始まったボランティア活動がある。例えば，1954（昭和29）年ビキニ環礁で行われた水爆実験により，近海で操業していたマグロ漁船が死の灰を浴びるという事故を受けて，主婦たちが食の安全など子どもの命と将来にかかわる切実な問題として，1軒ずつ歩き署名を集める運動を始めた。その結果，国や世界を動かし，第1回原水禁世界大会が開かれるまでになった。

　また身近なところでは，一人暮らしの高齢者や高齢者世帯が増えはじめた40年ほど前，当時，1人分の食事を配達してくれるサービスのない時代に手づくりの食事を届けようと主婦たちが集いボランティア活動が始まった。その後，1人分の食事を届けてくれる民間サービスが増えたが孤食が問題となったため，ボランティア活動をともに食べる会食活動に変化させて継続している。生活のなかでの困りごとに気づいた人から取り組んでいく，ボランティアならではの先駆性あふれる機動力である。

② 課題の当事者の視点を活動に

　かつて学童クラブなどでは，障がい児を受け入れてもらいにくい状況があった。とくに外に飛び出してしまうなどの行動があり，付き添い者を必要とする場合である。「自分が困っているのだから，ほかの親も困っているのではないか」と障がい児をもつ親が集まり，自分たちで子どもたちの過ごせる場所をつくろうと団体を立ち上げた。その後，行政からの助成金や補助金が出るようになり，サービスとして位置づくようになった。どうしたら環境がよくなるのかがわかるのは，問題の当事者だ。ただそれを周囲に要求するのではなく，自分たちには何ができるかを考え，行動に移すことが活動の原点だろう。

③ あらゆる分野において

　上記①や②のように身近な問題をボランティア活動で取り組んできたこと，また1980（昭和55）年，高齢社会への対策としてのボランティア振興策が後押しし，一時期，「ボランティア」＝「福祉」というイメージをもたれることもあった。しかし，今ではあらゆる分野でさまざまな市民によってボランティ

表 2.1 ボランティア活動の分野と内容

分野		内容
福祉（地域福祉）	高齢者福祉	食事サービス，傾聴，施設ボランティア，見守り活動など
	障害者福祉	放課後活動，外出支援，手話，移動サービス，朗読，情報保障活動など
	児童福祉	学習支援，メンタルフレンド，BBS，施設ボランティアなど
	生活福祉	ホームレス自立支援，炊き出しなど
	全般	いのちの電話，カウンセリング，福祉施設等慰問など
子ども	子育て	サロン，通学見守り，託児，おもちゃ図書館など
	健全育成	BBS，いじめ電話相談，冒険遊びなど
保健・医療	健康づくり	食育，ウォーキングの会など
	医療	献血，ホスピス，患者の会の支援など
教育・文化・スポーツ	教育	フリースクール，学童保育支援，学校ボランティアなど
	文化	親子劇場，博物館・美術館ボランティア，伝統文化継承など
	スポーツ	スポーツ指導，スポーツ大会運営など
まちづくり		地域緑化活動，清掃活動，都市農村交流，地域おこし，観光ボランティアなど
環境		リサイクル，ゴミ減量，省エネルギー推進，自然保護，森林保全，環境教育など
防災・防犯		防災活動，調査研究，防犯パトロールなど
災害支援		被災者支援，救援物資の仕分け・配付，片付け，炊き出しなど
国際交流・多文化共生		留学生との交流活動，日本語ボランティア，通訳ボランティア，外国人の子どもサポート，多言語での生活・医療相談など
国際協力		難民支援，国際医療協力，発展途上国への支援など
男女共同参画		起業家支援，女性の地位向上，働く環境づくりなど
人権擁護		人権啓発・擁護活動，差別撤廃活動など
消費者保護		消費者啓発活動など
平和推進		被爆者の会の支援，平和推進活動など
その他		ホームレス支援，生活保護者の支援，ボランティア活動のサポート

ア活動が行われるようになっている。分野でいえば，福祉（地域福祉），子ども（健全育成），保健・医療，教育・文化・スポーツ，まちづくり，環境，防災，災害支援，国際交流，国際協力，農業，男女共同参画，人権擁護，消費者保護，平和推進など多様性が高い（表2.1）。生活やくらしにかかわる内容には，ボランティアならではの視点が求められているのである。

（2） ボランティア活動の形態

では，どのように取り組みはじめたらよいのだろうか。かかわってみたい活動を見つけたとしても，どうしたら始められるのかがわからないという声も聞く。一般的な取り組み方を以下にあげてみた。

① 個人で

まずは，1人で始める方法である。例えば，地域清掃や収集活動などは活動対象との調整は必要なく，自分の都合さえあえばコツコツと取り組んでいくことができる。自分の好きなときに，好きなだけ取り組めるのが利点であるが，欠点もある。1人で活動できる量が限られるため，成果があらわれにくく，気持ちを維持していくことがむずかしいことである。また，より高い成果を出したいと思っても1人でできることには限界がある。また，ボランティア活動の場合，自身の問題認識に社会とのズレを生じる可能性もあるため，他者との対話をもちながら独りよがりの活動にならないよう気をつける必要がある。

② グループで

調べてみると，自らが関心をもった活動に取り組んでいるグループをみつける場合がある。いつごろ，どのようなきっかけでグループができたのか，また，メンバーの募集をしているのかなどを確認し，見学や参加をしてみる方法がある。利点はすでに活動方法など基本的なことが決まっており，先輩たちに習って活動を始めることができることである。欠点をあげるならば，活動の原点が自身の想いと異なる場合である。20年前に立ち上げた活動者が感じていた問題意識と，あとから入ろうとする新しい活動者が感じる問題意識は異なる場合が多い。ときに活動者の間に層ができてしまい，新しいメンバーが参加しづら

く，定着しないといった問題を聞くこともある。

　新たにボランティア・グループをつくって活動を始める方法もある。例えば，ボランティア講座などを受講したあと，有志のメンバーでボランティア・グループをつくるのである。すでに講座などでボランティア観を確認しあったり，問題を共有していたりするので話をまとめやすい。そのほかグループの名前や代表者，活動の進め方，ルールなどを決めておくことも必要である。こういった作業は立ち上げ時には苦労があるが，利点としては自分たちの想いを活動に反映できることである。欠点をあげるならば，前述の準備に時間がかかるため，実際の活動を始めるまでに一定期間かかることである。また，仲間との意識のすり合わせでは自身の想いと異なることも出てくるため，活動に結びつかないこともあるだろう。

　③　福祉施設や社会教育施設等公共施設や非営利組織で

　施設や組織などのボランティアに参加する方法がある。有給職員とともに活動する形態である。多くの場合，ボランティア登録の手続きの際に活動の曜日や時間を希望することができ，活動母体が明確で安心できる利点がある。しかし，業務で行う領域とボランティアが活動として行う領域に分かれるため，全体像をつかみにくいこともある。選ぶ際には，なぜその施設や組織がボランティア募集をするのか，なぜボランティアが必要なのかを確認するとよいだろう。

2　ボランティアの特性

　ここでは，ボランティア活動での役割を固定化，差別化するのではなく，ある一定の役割において一番経験の深い人が気づく視点として，現在の「性別」「年齢」「職業」による特性をとらえることとする。

（1）　性別による特性
　①　女性ならではの視点

　地域でのくらしに密着した視点からアイデアを思いついたり，日ごろの実践

を活かしたりするのが上手というのが女性ならではの特性だろうか。

例えば，2011年3月11日に発生した東日本大震災での支援活動の現場で大活躍したのが炊き出しの活動だ。大勢の人が自宅を津波で流され，長期にわたり体育館などで過ごさざるを得なかった。こんなときに欠かせないのが，食事づくりのボランティアである。日ごろから炊事にあたることの多い女性たちが大活躍した。女性だから料理ができて当たり前なのではなく，日ごろ経験を積んでいるからこそ，いざというときに行動に移すことができるのである。東京では，いつ電気・水道・ガスが使えなくなるかもしれないと，炊けるだけのご飯を炊いておにぎりをつくった人もいた。

母親としての視点もある。子育てをしていて幼稚園選びや小学校選びのときに情報が得にくく大変だったという経験をした母親たちがグループをつくり，「幼稚園ガイド」や「小学校ガイド」を手づくりした例もある。先に紹介した食事づくりの活動も，1人分の食事を届けてくれるサービスがないということに気づかなければ始まらない活動だ。

② 男性ならではの視点

男性といえば力仕事，という時代ではない。いま，大事なのは男性の特性を理解し，それを先回りして支援している活動ではないだろうか。

いまから約15年ほど前，高齢化社会の危機が騒がれ，在宅福祉サービスやデイサービスセンターができはじめたころのことである。担い手の多くは女性で，プログラムは手作業などの機能訓練を意識した内容である。見学に誘っても「ワシは行かない」と断り，家に閉じこもる男性も多かった。また同じころ一人息子が高齢の母親を介護し，苦労の末，無理心中をするという痛ましい事件が起きた。男性の特性かもしれないが，介護などを自身でかかえてしまう場合がある。家庭内の問題をオープンにしづらいのだろう。とはいえ，介護を学びたくとも女性が多く，参加しづらい現状があった。

そのようなとき，会社を退職した男性たちが立ち上がり，男性が通いたくなるデイサービスをつくろうとNPO法人を設立した。法人格を取得し，実際にデイサービスセンターを運営，8割方男性が通うという実績を上げた。そのこ

ろから「男性のための料理教室」「男性介護者の会」といったかたちで男性の特性にあわせ、参加しやすいように男性自らが活動を進める取り組みが増えてきた。かかえる問題に共感し発案するからこそ、参加につながるのだろう。

(2) 年齢による特性
① 若者ならではの特性

全国社会福祉協議会「全国ボランティア活動者実態調査」(2010年7月)によれば、20歳代以下がボランティア活動に参加した理由として「自分の人格形成や成長につながる (60.2%)」が1番目にあがっている。続いて、「何か楽しいことをしたかった (44.6%)」となっている。これまで紹介した普段取り組んでいることを活動にするのではなく、やったことのないことをしてみたり、知らないことを教わったりといった自身にとってチャレンジ性の高い活動に惹かれるようである。実際、「同世代の参加が多い活動はあるか」とボランティアセンターに尋ねてくる学生がいるが、同年代が集う活動は「楽しそう」と思うのだろう。

具体例として、若者がたくさん集っている活動の1つに「災害支援」があげられる。東日本大震災に限らず、水害時での活動でも多くの学生が被災地に足を運んでいる。発災直後の活動では何をすべきかがはっきりしている点などもかかわりやすさの一因だろう。また、高校生の進路選びを支援する活動を始めた団体がある。自分たちの経験をわかりやすく整理し、高校生たちに伝え、相談相手になるのだ。ちょっと先ゆく先輩だからこそ高校生も受け入れる。話し手たちは、人に伝える活動を通じて自己の成長にもつなげている。

② 高齢者による特性

上記調査によれば、60歳代以上がボランティア活動に参加した理由として「社会やお世話になったことに恩返し (45.8%)」が1番目にあがっている。続いて、「地域や社会を改善していく活動に関わりたかった (39.6%)」である。長年の社会生活での経験から自然とわき上がる想いなのだろう。

実際に社会教育分野の活動では、自らの知識や技術を活かして講座の企画や

講師をする人，団体への運営支援をする人，NPO法人を立ち上げて事業を始める人，町会・自治会などに参加し見回り活動などを始める人といった個性豊かな活動を始めている。会社経験の長い人はついつい会社の肩書きを言ってしまうことが多く，地域に戻ったらまずは素の自分で社会と向き合う練習をするための活動もあるほどである。いまは退職前になると，会社が準備期間として地域活動情報を提供してくれたり，体験期間を設けたり，ソフトランディングの支援をしてくれる場合もあり，あまり問題視されることもなくなってきた。

③ 活動開始時期による活動世代の特性

ボランティア活動においては，もう1つの世代の考え方があることを紹介する。「同世代」とは，同時代に生まれ，共通した考え方と感じ方をもつ人たちのことをさす。つまり，ボランティア活動の立ち上げ期をともに経験した人は「同世代」といえる。ボランティア活動のよさは，活動を始めた時期で異世代の仲間ができる場でもあることである。実年齢を超えてつながりをもちやすい一方で，活動の開始時期により問題認識が異なるため，参加した時期によって活動者の層ができてしまうことが多い。「前はそうだった」とか「それはやったことがあって，うまくいかなかった」などと新しいやり方を頭から否定されてしまうこともある。実年齢に応じた特性を紹介したが，実年齢だけでなく活動年齢も超えてつながるためには，時代の壁を越えて，ボランティア活動の目的を常に確認し，活動を発展させていくことが必要なのではないだろうか。

(3) 職業による特性

① ボランティア休暇を活用して

日本では1970年代から企業内にボランティア・クラブなどができ，「企業市民」「フィランソロピー」という考え方も登場した。1990年代には，経常利益の1%以上を社会貢献活動にあてる「経団連1%クラブ」やボランティア活動参加のための特別有給休暇制度（ボランティア休暇）の導入が始まった。企業も地域の一市民であるという考え方にもとづき，社員がボランティア活動することを応援するしくみである。主に大企業での導入ではあったが，当時は多く

の人が活用し，現役世代が地域活動に参加した。

② 職業の知識や経験を活かして

「プロボノ」という活動がある。公益的な活動に職業を活かした無償あるいは安価での取り組みをいい，注目を集めた。1986年に米国弁護士協会（ABA）が規定したのが最初のようだが，ボランティア休暇と異なり，職業そのものを活かした社会貢献活動をさす。

あるNPOでは，プロボノの協力を得てホームページのリニューアルを行った。また実行委員会形式のイベントでは，パンフレットをプロボノにつくってもらった。非営利の活動団体はなかなか経費をかけられないため，たいていのことは内部の人材が対応する。しかし技術や知識を要する部分は，このプロボノの協力を得ているようだ。

ただし，課題もある。ホームページなどの製作物は団体のカラーを表すとても重要なものである。団体の目的や基本姿勢を理解するまでに時間を要するため，思うように進まないということもある。

3　ボランティア活動を支援する団体

ボランティア活動を始めるためには探す，調べる，選ぶといった作業があり，最終的には個人の責任で決めることになる。これらの労力を支援してくれる機関がある。

（1）ボランティアセンター（ボランティア・市民活動センター）
① 社会福祉協議会ボランティアセンター

全国の社会福祉協議会が設置するボランティアセンターは2308カ所。全国，各都道府県・政令指定都市，および市区町村の単位（1751）に設置され，センターは設置していないが機能を有している市区町村社会福祉協議会（557）あり，そのネットワークにより活動を進めている。ボランティアコーディネーターも2569人配置されている（2005年，全国社会福祉協議会調べ）。

② 独立系ボランティアセンター

民間ボランティアセンター（ボランティア協会）：全国各地に民間独自でボランティア協会が設立され，ボランティアセンターを運営している（例：横浜，川崎，世田谷，大阪，静岡など）。

そのほかの民間団体：青少年団体やボランティア団体などが独自に設置しているボランティアセンター（例：YMCA，YWCA，日本赤十字社など）があげられる。

学　　校：大学や専門学校などでボランティアセンターの設置が進んでいる（例：龍谷大学，神戸大学，関西学院大学，早稲田大学，亜細亜大学，立教大学，フェリス女学院大学，明治学院大学，淑徳短期大学，東北福祉大学など）。

行政機関：自治体が独自にボランティアセンターを設置している。例えば，生涯学習ボランティアセンターや体験活動ボランティア活動支援センターなどがある。

企　　業：会社の社会貢献や社員の福利厚生のためのボランティアセンター（例：トヨタ自動車，パナソニックなど）がある。

(2) そのほかの中間支援

上述のほかにも，さらに活動を発展させたいときに利用できる中間支援機関もある（第12章参照）。

① NPOセンター（サポートセンター）

ボランティア活動の域を超えて，NPO法人格の適切な理解と取得の支援やNPO法人としての事業運営の自立支援，行政や企業との協働事業等の推進などを行っている。

② 情報センター

活動のマッチングは行っていないが，非政府組織（NGO）などの国際支援活動団体の情報の収集や提供をするセンターや，非営利の活動に助成金を提供してくれる企業情報の収集や提供をするセンターがある。

③ 資金提供機関

仲介機能をもつ資金提供機関である。実際には中央共同募金会，中央労働金庫（ろうきん），NPO法人市民社会創造ファンドなどがあげられる。

参考文献
日本ボランティアコーディネーター協会編『市民社会の創造とボランティアコーディネーション』筒井書房，2009年
早瀬昇『元気印ボランティア入門―「自由」と「共感」の活動編―』大阪ボランティア協会，1995年
岡本英一『入門・ボランティア活動―管理社会への挑戦―』大阪ボランティア協会，1998年
日本ボランティアコーディネーター協会『社会福祉協議会ボランティアセンターのためのボランティアコーディネーターマニュアル』日本ボランティアコーディネーター協会，2005年
「社協ボラセンナビ～ボラセンのいいところ，魅力が満載～」ボランティア・市民活動支援実践研究会／全国社会福祉協議会／全国ボランティア・市民活動振興センター，2012年

第3章
ボランティア活動の理念と歴史

本章のキーワード
志願兵 ● チャリティ ● フィランソロピー ● ベヴァリッジ報告 ● 福祉国家

▶▶▶ 「ボランティア」という言葉の語源をたどると，〈兵役を志願する〉という意味に出くわし，驚くことがある。なぜ兵役が「ボランティア」に関係するのか。調べてみると，古代の都市国家における兵役義務の関係が影響していることがわかる。また，100年前までは，他者を支援するという意味で使われていたのは，「ボランティア」ではなく，「チャリティ」あるいは「フィランソロピー」という言葉だった。当初は教会が担っていた慈善活動が，エリザベス救貧法の制定により，教会区という行政の仕事となる。18世紀後半，イギリスの産業化と都市化が進むと，しだいに救貧法の対象からこぼれ落ちる困窮者を，中産階級の市民たちが自発的に支援するようになる。彼らの熱心ながらも気まぐれな慈善活動は，やがて統制のとれた〈社会事業〉とみなされるようになる。20世紀，イギリスを始めとする先進諸国では国家による社会保障制度が整えられるようになり，慈善活動の内実も大きく変化する。いったい，どのような変化が起こったのか。〈ボランティア〉の歴史をたどりながら，一緒に考えよう。

1 ボランティアの語源

(1) 定義と語源

　ボランティアとは何か。このように質問されて私たちが真っ先に思い浮かべるのは，それぞれが知っている「現場」に対するイメージかもしれない。障が

い者や子ども，高齢者，被災者，ホームレスや社会的弱者といった人や，文化遺産保護，スポーツや環境保護，人権擁護といった活動や支援などの具体的な活動にすでにかかわっていたり，活動の場面を日常的に目にしている人も多いだろう。私たちがよく知っているボランティア活動とは，その場の必要性に応じて立ち上がり，そのときに集まったメンバーによる判断で方向づけられるようなものだ。その意味で，実際のボランティア活動を知っていると，内容も方向性も実に多様な現実を，どのように定義すればよいのかわからなくなる。「ボランティア」という語は，そのように定義しづらい多様な活動をさし，支えたり，支えられたりすること全体を意味する語として便利に用いられている。本章では，便利で多義的なこの言葉が，現在のような意味で用いられるようになるまでの過程を，歴史的にたどってみたい。辞書の定義とその定義の歴史的背景に目を配りながら，ボランティアという語の展開をみていきたい。

　はじめに，辞書の説明を確認しよう。日本語の辞書を見ると，ボランティアについては次のように説明されている。「社会事業などの篤志活動家。また，無料奉仕で何かに参加する人」（『日本国語大辞典』），すなわち，「志願者・篤志家・奉仕者」（『広辞苑』）である。自ら進んで奉仕活動に参加する，という意味が確認できる。ここでの奉仕活動とは「社会事業」，すなわち社会からの援助を必要とする人に対して行われる支援活動であり，私たちが現在イメージするボランティア活動からもさほど遠くない。「自ら進んで困っている人を助ける活動」と平易に言い換えることもできる。

　しかし，「ボランティア」という語の語源をたどると，このような日本語とはまた異なる意味で用いられていることがわかる。言葉の意味を詳しく説明する辞書として信頼の厚い『オックスフォード英語辞典』には，ラテン語に起源をもつ「ボランティア（volunteer）」という語について次のように記されている。「義務として軍の活動に従事する人たちや職業軍人とは対照的に，自ら志願して軍の活動に従事する人」（名詞），「とりわけ特別な機会に，自発的に兵役に従事すること」（動詞）。ボランティアは，義務や金銭的報酬のためではなく，自らの自由意思にもとづいて，「兵役」を志願する人をさすという。

（2） なぜ兵役か

なぜ兵役が突然出てくるのかについては，古代の都市国家の歴史にさかのぼる必要がある。古代の都市国家では役所，軍隊，警察などは存在せず，そこに居住する「自由民」がすべてを担っていた。奴隷と家畜がいる家庭で経済活動が担われる一方，家長である成人男子は政治という公務への参加が義務とされる。そのような公務への参加と同等に重要だったのが，戦闘である。自由民は，自らの領土を自ら守るために共同で戦闘に参加することが義務とされた（福田歓一『政治学史』東京大学出版会，1985年）。大きな戦闘では，ほかの都市の自由民たちと共同で戦闘へ参加することもあった。自国の領土を防衛する戦闘において，自由民が兵役に従事するのは共和政においては市民の義務の範囲だったが，その範囲を超えて，なんらかの政治的動機にもとづいて「自発的に兵役に従事する」ことがあった。これを英語では，現在でも「ボランティア」，すなわち「志願兵」と呼ぶ。

ただし，17世紀半ば以降，兵役とは関連のない分野でボランティアという語が使用されるようになる。『オックスフォード英語辞典』にも3番目の活用例として，「自ら志願して特定の分野で奉仕をする人，自由意思に基づいて何らかの企てに参加する人」という説明がある。1648年発行の書物には「毎年，志願者…による使節団が派遣された」という記述がすでに見られたという。このとき，ボランティアが意味していたのは，「自由意思に基づいて…参加する」ことで，参加する「企て」は戦闘には限られない。このようにして，ボランティアという言葉はこの時期に，「自ら進んで」何かをするという意味を帯びるようになったと考えられている。

2　チャリティとフィランソロピー

日本語のボランティアという言葉には，「自ら進んで」という意味のほかにもう1つ，「困っている人を助ける」という意味も含まれている。辞書には，「奉仕活動」という言葉や，「社会事業」という言葉が出てくる。このような，

支援する，助けるというニュアンスは，どのようにしてボランティアという言葉に加えられていったのだろうか。

この疑問に答えるためには，「チャリティ（charity）」そして「フィランソロピー（philanthropy）」という言葉のもと，教会や民間団体による社会事業活動が発展する18世紀以降のイギリスで成立していった考え方を理解する必要がある。チャリティとフィランソロピーはともに，18世紀半ば以降のイギリス社会で一般的に使われるようになる言葉である。

（1）チャリティとは何か

チャリティは，キリスト教でいう「神への愛」を意味するラテン語カリタス（caritas）から派生した語であり，ヨーロッパでは教会の行う慈善活動を中世以降，チャリティと呼んできた。それは，近代国家成立以前の社会にとって，必要な人に必要な援助を届けるほぼ唯一の方法だった。病院や学校，刑務所が制度として成立する以前，病に倒れた人を助け，聖書を読むための知識を授け，虐げられた人を保護していたのは，人々の自発的なかかわりによって運営されていた教会だった。

1601年にエリザベス救貧法が成立すると，教会区ごとに貧しい人を保護したり，仕事を斡旋したりする事業が行われ，イギリス全土に広がっていく。ただし，エリザベス一世統治下のイギリスでは，教会区による財力や人員の格差が著しく，必ずしもすべての貧者が保護されたわけではなかった。

産業革命による圧倒的な経済的繁栄を迎えた18世紀半ば以降19世紀になると，都市化が進む反面，貧困が大きな社会問題となる。このとき，救貧活動に取り組んだのは，中産階級の市民たちだった。教会や教会区での最低限の慈善活動を超えて支援を始めた市民たちは，多くの「問題」を発見するようになる。

当時の人々が慈善の対象としたのは，単に貧しい人だけではなかった。中産階級市民のチャリティの対象は，「病人，障がい者，孤児，未亡人，老人，娼婦，犯罪者，被災者，黒人奴隷，未開人，動物」であり，このような人や動物に「医療，教育，職業訓練・斡旋，金，物資，食糧，宿所，宗教，生活指導，

政治的支援」など多様な救済が与えられたという（金澤周作『チャリティとイギリス近代』京都大学学術出版会，2008年）。ある者は団体を作成し，ある者は寄付を呼びかけ，教会の支援では行き届かない社会問題と格闘した。このような，18世紀半ば以降に展開された，公的な救貧制度に限定されない，中産階級の市民による多様な慈善活動も，チャリティと呼ばれた。

（2）　フィランソロピーとは何か

　フィランソロピーは，ギリシア語に起源をもち，キリスト教的な宗教的規範性を離れたより広い人類愛にもとづく同胞の福祉と幸福の増進をはかる慈善心をさす（岡村東洋光・高田実・金澤周作編著『英国福祉ボランタリズムの起源』ミネルヴァ書房，2012年）。中世末期から近世のイギリスでは，フィランソロピーは，とりわけ特定の財産の活用方法をさす言葉として用いられるようになった。貴族のなかで，個人の遺産を，領地内の学校や病院に役立てたい，あるいは貧しい人に住まいと仕事を提供する救貧院を新たに設立したいと願う人たちが，そのような遺志を遺産とともに実現する約束をとりつけようとした。このとき「慈善信託（charity trust）」という方法が考え出され，そのような遺産の運用方法を実践することがフィランソロピーとして紹介された（W. K. Jordan, *Philanthropy in England, 1480-1660*, Russel Sage Foundation, 1959）。ただし，18～19世紀のイギリスでは，チャリティとフィランソロピーはほとんど区別なく用いられ，両者とも広い意味での神の愛や人類愛に支えられた支援活動を意味していた。

　フィランソロピーがチャリティと明確に区別されるようになるのは，20世紀以降のアメリカ社会においてだった。アメリカでは，フィランソロピーは，個人や企業，非営利団体による社会貢献活動を一般的にさす呼称として用いられる。現代の用法についても詳しい『オックスフォード英語辞典』でも，この語について，「人類愛」という一般的な意味に加えて，次のような説明が続く。「他者の幸福や安寧を促進するために心を砕き積極的に関わること。とりわけ良き大義のために気前よく寄付をすることによって表現されるような，実際的

な慈愛」である。「大義のために気前よく寄付をする」という説明が，わざわざ加えられていることからもわかるように，他者に対する「慈愛（benevolence）」を表現する行為として，金銭的な支援をすることが「実際的（practical）」な態度であるという意味が含まれている。

このように，フィランソロピーは，他者を支援するという意味ではチャリティと共通しているものの，チャリティよりも，金銭的な貢献，すなわち寄付行為に対する意味合いが強いことがわかる。これは近世イギリスの慈善信託にも通底するイメージで，公的な救貧制度による支援が行き届かない領域において，金銭的な貢献を行うことが想定されている。

20世紀以降は，このイメージがはっきりと引き継がれる。例えば，公的資金ではなく主に個人や団体，企業からの寄付金によって運営される美術館や博物館が多いアメリカでは，20世紀以降，寄付金集めが重要な仕事になっている。慈善信託などを用いて個人が支援することに加え，20世紀には強いドルを背景に圧倒的な利益を上げる企業が社会的な施設や機関を支援するという仕組みが定着するようになる。これらの活動は，総称してフィランソロピーと呼ばれる。20世紀後半，このしくみとともにフィランソロピーという言葉が日本に紹介されたことをきっかけに，日本語においてはフィランソロピーが，一般に企業による社会貢献活動をさす総称として知られるようになった（林雄二郎・今田忠編『フィランソロピーの思想』日本経済評論社，1999年）。企業による社会的な公益活動全般をさすこの言葉は，例えば従業員がボランティア活動への参加を企業が支援することや，企業が主催して行う社会貢献活動も含む広い意味をもつ。人類愛や博愛といった意味よりも限定され，企業による公益活動をさすという点が，現代的語義の特徴である。

3　ヴィクトリア朝時代のイギリス

（1）　都市と貧困

「ボランティア」や「チャリティ」「フィランソロピー」の語源をたどってい

くと，ヴィクトリア朝時代（1837-1901）のイギリスが，大きな意味をもっていることがわかる。なぜ，この時代のイギリスだったのだろうか。

19世紀になると，イギリスでは工業化が一段と進み，国内に鉄道網が張り巡らされ，科学技術も日進月歩に発達した。機関車，電話，写真，自動車の発明はこの時代のものである。イギリスは世界の覇権を握り，工業化の進む各都市はいずれも爛熟した繁栄を迎えた。けれども，それは著しい貧困と背中合わせの時代でもあった。

工業化は，より一層の工場労働者を必要とした。都市部には，農村から多くの若い世代の人口が流入し，街々で住宅問題を引き起こした。労働者同士が家庭をもち，子どもが生まれるものの，核家族化した共働き家庭の子どもたちの面倒を見る者はなく，子どもたちはストリートに取り残された。さらに低賃金労働，失業が労働者自身を直撃する。医療や教育の不足，犯罪の増加，児童の保護といった問題が山積していた。工場経営者など一部の新興実業家が富を手にする一方で，工場労働者として都市に流入した多くの人々は日常的な貧困に直面し，このような貧困状況が，空前の規模でのチャリティを必要とする土壌を生み出した（ジャック・ロンドン『どん底の人びと』岩波書店，1995年）。

しかし当時，貧困は労働者の怠慢のためと考えられていた。中産階級の人々は自分たちの生活と社交に忙しく，道一本隔てて隣り合う労働者とはまったく別の世界で暮らしており，時折，気まぐれに慈善活動に取り組むだけだった。

イギリス発祥の国際的なキリスト教団体「救世軍（The Salvation Army）」の創始者ウイリアム・ブース（Booth, W.）は，1865年，当時，劣悪な環境におかれている労働者を救うために，「馬車馬」にすでに認められていた生存権を労働者にも適用せよと訴えなければならなかったほどだと記している。ロンドン市内に登録された馬車の御者たちが携帯する許可証には，次の2つの条件が定められていた。「馬が倒れた時には助け起こされ」なければならず，また馬車馬は「生きている限り飼料と寝床と適当な仕事が与えられる」。馬にとっても最低限とされるこのような生存権を規定する2つの条件ですら，当時のロンドンの労働者には手の届かないものだった。ケガや病で失業した労働者は行き倒

れになっても手は差し伸べられず，幸運に巡り会わないかぎり，食事も寝床も仕事も与えられなかった（キャスリーン・ウッドルーフ『慈善から社会事業へ』中部日本教育文化会，1977年）。

（2） ソーシャルワークとセツルメント運動

このような状況のもと，「困っている人を自発的に助ける」ための活動として，2つの動きが見られた。1つは，現在のソーシャルワークという考え方に大きな影響を与えた「ロンドン慈善組織協会（C.O.S）」の設立（1869年），もう1つは，トインビー・ホールの設立（1884年）に代表されるセツルメント運動である。

中産階級の人々による多くのチャリティは，熱心で多様ながらも気まぐれなものだった。19世紀のロンドンでは，社会問題を発見した中産階級の人々により，実に多くの組織が多様な人々を対象に支援活動を展開していたものの，組織間相互の情報交換や協力が不十分であった。そのため，まったく支援を受けられない人や，重複して支援を受けている人がおり，多くの資金と労力に見合う成果につながらないとみなされていた。ロンドン慈善組織協会が設立された1869年は，このような時代だった。組織間の情報交換と支援活動の制度化を目的として設立された協会は，生活困窮者や低所得者の民間救済事業分野において，社会事業の近代化に大きく貢献した。支援を必要とする人を直接，訪問し相談にのる「ソーシャルワーカー」という専門職をつくりだし，その養成や理論と技術の体系化も進んだ（高野史郎『イギリス近代社会事業の形成過程』勁草書房，1985年）。

また，単に金品を一方的に与えるだけの方法に疑問を抱き，新しい支援のあり方を実践したグループも出てきた。彼らは，支援を必要とする労働者がくらすスラムに自らも定住し，貧困に苦しむ人々と日常的に関係をもちながら地域社会の改良を図る支援活動を始める。この支援活動を「セツルメント運動」と呼ぶ。ロンドンのスラム「イースト・エンド」に，オックスフォード大学で経済学を教えていたトインビー（Toynbee, A.）を中心に，オックスフォード大学

とケンブリッジ大学の学生が移り住んだのが始まりとされる。セツルメント運動に取り組み早逝したトインビーの名前を冠した拠点「トインビー・ホール」は，1884年に設立された。トインビーの遺志を継いだ学生たちは，ここで労働者やその子どもたちのための医療や教育に熱心に取り組んだ。

　このように，「自助」の精神が強調された古典的な自由放任的自由主義の時代，困っている人を自発的に助けていたのは，多くの志ある人々だった。それは一般的にはチャリティと呼ばれ，熱心で多様で気まぐれな支援であったものの，ロンドン慈善組織協会の設立や，セツルメント運動の展開へつながる動きを生み出した。ただし，次々と発見される社会福祉領域のさまざまなニーズに対する支援を，公的扶助として主に「国家」が担うようになる「福祉国家（welfare state）」の形成は，イギリスにおいても戦争遂行体制がしかれる20世紀になってからだった。

4　福祉国家とボランティア

（1）　福祉国家の誕生

　困っている人を自発的に助ける活動は，ヴィクトリア朝時代のイギリスで積極的に展開された。組織間の情報交換と支援活動の制度化を目的とする協会が設立され，また，金品の授与にとどまらない新しい支援方法であるセツルメント運動が考案された。この時代，セツルメント運動はイギリスの外にも広がり，アメリカでは女性活動家として知られるアダムズ（Adams, J.）がシカゴに「ハル・ハウス」（1889年）を，日本ではアメリカから帰国した労働運動家の片山潜が東京神田三崎町に「キングスレー館」（1897年）をそれぞれ設立している。

　これらの活動を受けて，次第に国家が社会事業を引き受ける社会もあらわれた。ただし，労災保険，老齢年金，職業紹介所といった社会事業の国家による制度化は，多くの場合，戦時体制の整備と並行していた。イギリスの場合も，国家による社会保障制度の導入のきっかけの1つは，1899～1902年の南アフリカ戦争だった。短期間で勝利するはずだった戦争が思いがけず長引いたとき，

短期決戦にこぎつけられない理由としてもち出されたのが,「帝国を担う人種」としては不適切な身体能力しかない「国民」が兵士として戦争に狩り出されているからだとの説明だった。帝国主義的な見解が強まるなか,敵国ドイツと比べても,イギリス人の体格や健康が劣っているのではないかという意識が広まった（岡村・高田・金澤編著,前掲書）。その後の二度にわたる世界大戦は,数多くの帰還兵や遺族に対する生活補償のニーズを生み出すなど,さらなる国家の関与を必要とした。1941年に示された経済学者ベヴァリッジ（Beveridge, W.）による『ベヴァリッジ報告書』では,健康保険,失業保険,国民年金といった制度を,あらゆる国民を対象に整備することが提案された。国民である限り,国家がその国民一人ひとりの体格や健康,生活水準を気遣うという考え方が適用された。いわゆる「福祉国家（welfare state）」の誕生である。このようにして徐々に国家も,「国民」と規定する人々を対象に,必要に応じた公的扶助を担うようになる。

（2） 自由な社会のなかのボランティア

　20世紀になって,イギリスは福祉国家型の社会保障制度をもつ国家となった。かつてヴィクトリア朝時代のイギリスが直面したような貧困問題は,これで無事に解決したのだろうか。たしかに,『ベヴァリッジ報告書』以降,「馬車馬」に与えられていたような意味での生存権が,気まぐれ恩恵として与えられるものではなく,権利として獲得できるものと考えられるようになった。自らの生存を誰かの温情に委ねないですむという意味で,この違いは大きい。しかし,イギリスにおいても,またほかの社会においても,貧困に由来する社会問題が根絶されたわけでは決してない。21世紀になっても世界には,低賃金労働,失業,医療や教育の不足,犯罪の増加といった社会問題が変わらず存在する。社会学者のバウマン（Bauman, Z.）が「新しい貧困（new poor）」と呼ぶような,経済のグローバリゼーションと福祉国家制度の変容の影響を受ける非正規雇用などのワーキングプア,フリーター,日雇い派遣,若者の失業などの問題が,きわめて豊かな社会のなかでこそ生み出されつづける構造を考えると,

貧困問題の解決は容易ではない（バウマン『新しい貧困』青土社，2008年）。自ら進んで困っている人を助ける活動は，その活動がどんな言葉で総称されようとも，どの社会でも継続されることだろう。

イギリスの社会保障制度の青写真を示したベヴァリッジは，戦後，『ボランタリー・アクション』（1948年）という報告書をまとめている。このなかで，ベヴァリッジは，相互扶助とフィランソロピーがイギリス社会の特筆すべき特徴だと強調している（Beveridge, W., *Voluntary Action: A Report on Methods of Social Advance*, George Allen & Unwin, London, 1948）。福祉国家へと変容するイギリスを認めながらも，多様な活動を担う，独立した組織が自発的に活動できる社会こそ自由であるというベヴァリッジの強い自由主義思想がこの報告書には反映されている。

現在，イギリスでは，ボランタリーセクターが政府とパートナーシップを結び，社会問題の解決にあたる方法が広く取り入れられている。日本でも，近年，ボランタリーセクターの存在感はますます強まっている。ビジネスの手法を用いて問題解決にあたる「社会的企業（social enterprise）」の活動も活発になっている。自由な社会は，多様なボランティア活動とその活動を支えるしくみをこれからもよりいっそう，必要とすることだろう。

参考文献
ジャック・ロンドン『どん底の人びと』岩波書店，1995年
岡村東洋光・高田実・金澤周作編著『英国福祉ボランタリズムの起源』ミネルヴァ書房，2012年
金澤周作『チャリティとイギリス近代』京都大学学術出版会，2008年

第 4 章
市民社会とボランティア

本章のキーワード
市民社会 ● 公共圏 ● 市民活動 ● 特定非営利活動促進法（NPO 法）
有償サービス（有償ボランティア）● NPO ● NGO

▶▶▶ 「市民社会とボランティア」をテーマとしたこの章は，長年ボランティア活動の推進にたずさわってきた筆者の知見をもとにして，「市民社会」と「ボランティア」の関係性を現場の目線から解説することをねらいとしている。

よりよい社会の実現をめざす市民による自由で主体的な活動のかたまりであり，めざすべきよりよい社会とは何かを議論し，制度や政策につなげるべく社会に働きかける枠組みでもある市民社会とボランティアとの関係性を多面的に解説する。

また，有償サービス（有償ボランティア），NPO，NGO，市民活動，特定非営利活動促進法，新しい公共など，市民社会とボランティアを相対的に理解するために役立つキーワードについても取り上げる。

1　ボランティア活動からみた市民社会についての概念整理

（1）　市民社会の3つのモデル

市民社会の概念を理解するにあたり，米国のフォード財団でガバナンスおよび市民社会プログラムの部長を務めるマイケル・エドワードによる市民社会の3つの概念整理は，非常にわかりやすく明快である。エドワードは，その著書『「市民社会」とは何か』（堀内一史訳，麗澤大学出版会，2008 年）において，①市民社会の分析モデル（団体活動の諸形態），②市民社会の規範モデル（市民が

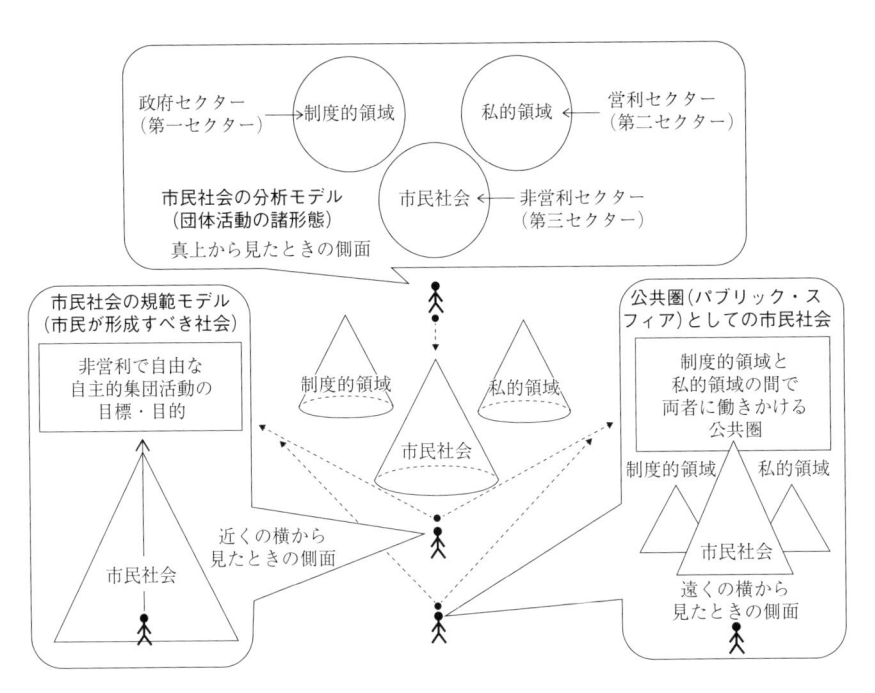

図 4.1　市民社会の 3 つの側面

出所：マイケル・エドワードの概念整理をもとに筆者が作図

形成すべき社会），③公共圏（パブリック・スフィア）としての市民社会という 3 つのモデルで市民社会を考察している。これら 3 つのモデルは，別々の領域を示すものではなく，「市民社会」という 1 つの領域の 3 つの側面を示していると考えられる（図 4.1）。

（2）市民社会の分析モデル（団体活動の諸形態）
―非営利で自由な自主的集団活動のかたまりとしての市民社会―

　ある地域において，孤立しがちな在宅高齢者の見守りや配食をする活動，誰もが住みやすく感じるまちづくりをめざす活動，路上生活者の地域に居場所のある生活の回復を支える活動，公園の遊具の点検や美化を通して子どもの安全を守る活動など，多様なボランティア活動が行われているとする。

第 4 章　市民社会とボランティア　35

こうした活動は，目的や内容は異なるものの，よりよい社会をつくるために行われる非営利で自由な自主的集団活動という点で共通性をもっている。市民社会の1つ目のモデルは，こうした共通の行動形態を有する諸活動のかたまりとしての側面である。この考え方で市民社会は，しばしば国家や市場と対比して「非営利セクター」「ボランタリーセクター」「第三セクター」と呼ばれる。

（3） 市民社会の規範モデル（市民が形成すべき社会）
―市民が形成すべき社会モデルとしての市民社会―

いっぽう，こうしたさまざまな活動は，個々の集団ごとの目標の多様性を含みつつ，「誰もがくらしやすい地域づくり」という点において誰にとっても善といえる目標（公共善）を共有している。そこには，平和で安全で誰もが自由に権利を行使して自己実現ができる地域というような達成すべき社会像がある。市民社会の2つ目のモデルは，非営利で自由な自主的集団活動が共有する目標・目的としての達成すべき社会像という側面である。

（4）「公共圏（パブリック・スフィア）」としての市民社会
―市民が合意を形成して制度に働きかける領域としての市民社会―

しかしながら，行動形態やめざす社会像に共通性があるといっても，個々の活動がバラバラのままでは，市民社会がよりよい社会をつくるというその役割を果たすことはむずかしい。共通の目的を達成するには，多様な意見を出し合って合意を形成し，政府や行政または市場に働きかけるような枠組みである「公共圏」が必要である。市民社会の3つ目のモデルは，私的領域と制度的領域の間をつなぐ公共圏としての側面である。

2　市民社会におけるボランティアの位置

（1） 市民社会概念の変化の系譜

市民社会という概念は，古代ギリシャに生まれ，西洋文明のなかで多様に定

義され,時代とともにその意味が変化してきた。植村邦彦は,その著書『市民社会とは何か』(平凡社,2010年)において,市民社会の概念が時代とともに変化してきた系譜を整理している。植村によれば市民社会という言葉は,ギリシャ時代の哲学者アリストテレスがその著書『政治学』において,「国家共同体」をさす概念として記述したのが初出である。市民社会概念はその後,近代の文明化された社会を意味する言葉となり,さらに豊かな国をつくる文明化された商業的社会へと意味が移ったあと,一度は「資本主義社会」という言葉に置き換えられ,そして社会主義政権の独裁体制を崩壊させた東欧の人々が自発的に結社した「市民団体」を意味する言葉として復活したと植村は論じている。

(2) 市民社会を担う「市民」とは誰か

「市民社会=国家共同体」における市民は,アテネなどの都市国家において奴隷や女性を支配する自由と権利を有した男性である。奴隷や女性,都市国家の外に住む人々は市民ではなかった。

「市民社会=文明社会」においては,法や秩序のもとに成り立つ国家を形成した国民が市民である。しかし,当時の国家では,外側の近代化されていない地域に住む人々や自国内の奴隷の身分の人々は市民とはみなされなかった。

「市民社会=文明化された商業社会」においては,近代国家に所属して資本を有して商業活動に参加する人々が市民である。ここでは,資本家に支配される労働者階級が市民としての権利を阻害されたことが,協同組合運動の発祥や共産主義革命の拡散につながった。

「市民社会=市民団体」においては,一定の目的を共有して自主的に市民団体をつくり活動する人々が市民である。現代の民主主義社会においてはおおむね結社の自由はそこに属するすべての人に認められているので,誰もが市民になることができる。

上記のように,「市民」という概念は,一部の特権をもつ人々から大衆へと社会の歴史的変化に伴って対象が拡大されてきたといえる。

（3） 市民社会を担う市民の一部としてのボランティア

　前述のエドワードが概念整理した3つの市民社会モデルは，「市民社会＝非営利セクター（市民団体のかたまり）」という側面を提示している。したがって，市民社会の担い手として「一定の目的を共有して自主的に市民団体をつくり活動する人々＝市民」を想定しているといえる。ここでの市民には，ボランティアが含まれているが，ボランティアだけでもない（図4.2）。

　例えば，市民社会を構成する市民団体のなかには，介護保険外の家事援助を必要とする高齢者や子どもの保育を不定期に必要とする親のニーズに，軽費の利用料で対応する有償サービス事業を行う団体もある。この活動をするのは，有償サービス提供者（有償ボランティアと称している場合もある）である。こうした，ボランティア活動の無償性という条件を緩和した非営利性（金銭・教育上の単位などなんらかのインセンティブ・誘因が提供されても営利目的ではない）という条件を満たす「市民活動」という形態で活動する人々も市民である。

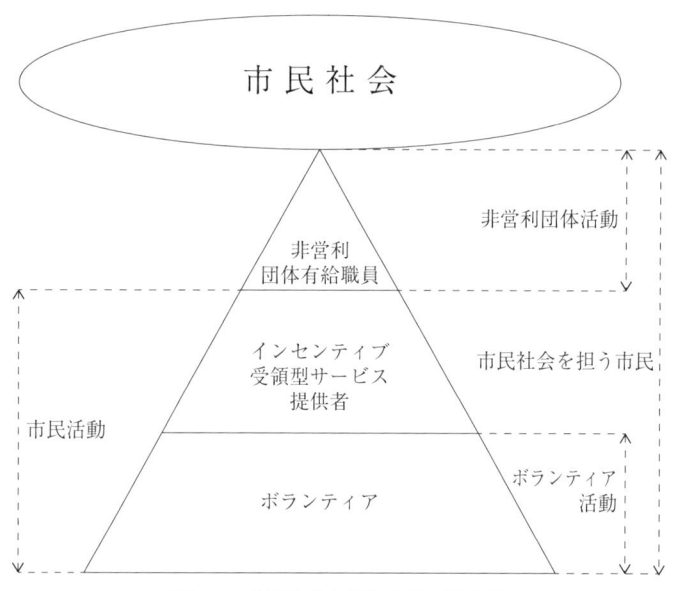

図 4.2　市民社会を担う市民の概念図

また有給職員を雇用して非営利事業を展開している市民団体は，市民社会を構成する団体であるが，その非営利団体活動を担う有給職員はボランティアではない。しかし，彼らも市民団体には欠かせない人材であり，市民社会を担う市民の一部とみなすことができる。

3　市民社会における民間非営利組織とボランティア

（1）　日本における NPO の概念整理

　現代的な意味での市民社会は，人々が一定の目的を共有して自主的に集まり活動する非営利目的の団体によって構成される。確認になるが，こうした民間による非営利団体を英語で Non-Profit Organization といい，日本ではこれを略した NPO（エヌ・ピー・オー）という呼称が定着してきた。

　英語の Non-Profit Organization には，病院や学校，社会福祉施設のように日本であればそれぞれ医療法人・学校法人・社会福祉法人といった法人格を有するものから，ボランティア同士が集まってつくる小さなグループまで幅広い組織形態が含まれる。日本において NPO という概念が広がる以前に，医療法人，学校法人，社会福祉法人，財団法人，社団法人のように民間非営利団体であっても，それぞれの呼称で分類されてきた団体が存在した。また，そうした制度的に認められた枠組みに属さない民間非営利団体の多くが，1998 年に特定非営利活動促進法（NPO 法）が成立するまで，法人格のない任意団体として活動していた。NPO 法の施行以降は，こうした任意団体や新たに設立される民間非営利団体の多くが，特定非営利活動法人（NPO 法人）の認証を受けるようになった（2013 年 4 月現在で 4 万 5000 法人以上）。

　こうした経緯から日本において NPO という言葉は，民間非営利団体全体をさす場合から NPO 法人のみをさす場合まで，さまざまな使い方をされている。

（2）　日本における NGO の概念整理

　英語で民間非営利団体をさす言葉として，Non-Profit Organization という

いい方ではなく，Non-Governmental Organization（NGO）すなわち非政府組織という言葉が使われる場合がある。前者は団体の非営利性に重きをおく文脈で使われ，後者は団体の民間性に重きをおく文脈で使われる。

　NGOという言葉は，国連など国際政府機関が途上国の開発協力や地球規模の環境問題について話し合う場で，民間の立場から意見を表明したり，合意形成に参画したりする民間非営利団体を政府機関と区別する用語として多用されてきた。日本では，ほかに先駆けて国際的な舞台で活動してきた民間非営利団体の多くが，国際協力関連の団体であったこともあり，NGOという言葉が民間国際協力団体の呼称として広がった経緯がある。

　その後，環境問題に取り組む民間非営利団体なども，国際的な活動を広げてきたため，最近では，国際協力団体のみでなく，国際活動を行う多様な分野の民間団体全般をNGOと称する使い方もされるようになってきた。

（3）　市民社会と住民自治組織

　市民社会が，一定の目的を共有する人々が自主的に活動する非営利団体によって構成されると考えた場合，そこには自治会や町内会というような住民自治組織は含まれるだろうか。自治会や町内会などは，行政の末端組織で住民全員が参加しなければならない組織だから，非営利であっても民間の自主的組織ではなく，市民社会に属する組織とはいえないという考え方がある。しかし，このような見方に対して，日本の政治や社会の研究者である米国人ロバート・ペッカネンはその著書『日本における市民社会の二重構造』（佐々田博教訳，木鐸社，2008年）で，「自治会は政府とつながりを持ってはいるが，それは自主的組織であり，政府の一部ではない」と実態分析をもとに反証している。ペッカネンは，この著書のなかで自治会を市民社会組織として扱っている。

　国民生活審議会総合企画部会報告「コミュニティ再興と市民活動の展開」（2005年）にも，自治会や町内会をエリア型の活動をする地縁型団体として位置づけつつ，テーマ（特定の目的）型の活動をする市民活動団体と比較して，「双方ともに，行政でも企業でもなく，市民が主役となって暮らしにおける課

題の解決を目指すという点では共通の特徴を持っている」という記述がある。これも，自治会や町内会などを市民社会の一部として扱っていると読み取れる。

ここで重要なのは，エリア型の活動をする地縁型団体とテーマ型の活動をする市民活動団体の間に，「それぞれの性格の違いや理解不足を原因とした垣根が存在している事例が見られる」という点である。同報告は，この問題を解決して衰退しつつある地域コミュニティを再興するために，「多様性と包容力」「自立性」「開放性」を備えた「多元参加型コミュニティ」を，地縁型団体と市民活動団体が互いの長所を活かしあって形成すべきだと提言している。「多様性と包容力」「自立性」「開放性」を備えた「多元参加型」という部分は，市民社会のあり方を説く内容としても核心を突いている。

（4） 市民社会の土台としてのボランティア

以前は住民全員の参加が当たり前だった自治会や町内会も，最近は参加しない住民が増えていて，自治会や町内会の地域清掃や防犯防災に加えて高齢者の見守りなどの役割を果たすうえで大きな障害になっている。反面，過去には義務的であった地域活動が，ボランティア活動としての性格を強めているという点では，市民社会の性質により馴染んだ活動形態になってきたともいえる。

市民社会を構成する団体には，活動にボランティアが参加せず，専門職のみによって事業が行われている団体もあるが，その運営に責任をもつ理事会はボランティアによって成り立っていたり，活動資金の一部が寄付というボランタリーな行為によって支えられていたりする。

団体へのボランティアのかかわり方はさまざまであっても，市民社会の非営利団体活動にはなんらかのボランティアの支えが必要である。市民社会は，その土台にボランティアが存在しなければ成り立たない。市民社会の持続的な発展には，ボランティア活動を推進する努力が欠かせないといえる。

4 民主主義社会における公共に対する市民社会とボランティアの役割

(1) 公共を担うボランティアをめぐる光と影

　ボランティア活動の推進は，市民社会の側からだけでなく，ボランティアの公共に果たす役割に着目した国や地方自治体の側によっても行われてきた。1985年に開始された厚生省による「ボラントピア事業」は，社会福祉協議会のボランティアセンターやボランティア・市民活動センターが全国に広がるきっかけになった。そのほかの中央省庁もなんらかのボランティア活動推進事業を毎年行っているし，地方自治体も防犯や防災をはじめとしてさまざまな地域課題の解決に向けたボランティア活動の推進を行っている。

　国や地方自治体によるボランティア活動の推進は，ボランティアが資金や社会的信用を獲得するうえで大きな手助けとなってきた。しかし，官製のボランティア活動推進は，国や地方自治体が本来担うべき公共から逃避するための安上がりなボランティアの活用，さらには市民社会がめざすべき目標とはかけ離れた国防や治安維持へのボランティアの名を借りた動員などと結びつきやすい。これに対して，ボランティア活動の推進にかかわる諸団体で構成する「広がれボランティアの輪」連絡会議の幹事でもある原田正樹は，連絡会議のシンポジウムなどにおいて近年強く警鐘を鳴らしている。

　ボランティアが行政の下請けや動員の対象とならないためには，公共に対してボランティアだからこそ果たせる役割を担う，言い換えればボランティアでなくても行政がすべきこと，あるいは行政にもできることを安易に引き受けないというボランティア自身による自律が求められる。

(2) 民主主義社会における市民社会とボランティアの役割

　例えば，災害被災地の避難所に集まった人々の誰にとっても共通に必要な水や毛布，基本的な食料などは，直後の数日間はともかくも，その後は国や地方自治体が提供する。しかし，こうした大多数の人々にとって共通な必要が満たされたとしても，着の身着のままで避難したために毎日服用が必要な降圧剤が

持ち出せず血圧が調整できない高齢者，粉ミルクはあっても哺乳瓶の消毒ができず乳児にミルクを飲ませられない親など，個別に生じる困りごとにきめ細かく対応することは，とくに災害時のような混乱した状況下の行政にはむずかしい。こうした個別的ニーズへの対応では，行政に求められがちな公平性・平等性の原則よりも，個々の問題解決を優先して取り組めるボランティア団体など，市民社会を構成する民間非営利団体の自由な立場が優位性を発揮する。

ボランティアをはじめとする市民社会を担う市民の活動は，公平性・平等性という国や地方自治体の原則にとらわれることなく，ときには価値判断が二分されるような事柄に対しても，それぞれの立場から自由にかかわり問題解決を図ることができる。それは，市民社会の公共圏としての側面において意見対立を生むだろうが，長期的には合意を形成して市民社会がめざす目標を達成するために役立つ知恵を生み出すことも市民社会の役割である。

民主主義社会における市民社会とは，選挙制度に代表される多数決の原則によって多数派が横暴にならないための安全装置である。多数派に無視されがちな少数派や弱者の課題，または多くがまだ気づいていない先駆的な課題などを解決するため，自主的に集まる市民による活動，すなわちボランティア活動および市民活動は，民主主義社会の健全な発展に不可欠な存在である。

参考文献
マイケル・エドワーズ『「市民社会」とは何か 21世紀のより善い世界を求めて』麗澤大学出版，2008年
ロバート・ペッカネン『日本における市民社会の二重構造 政策提言なきメンバー達』木鐸社，2008年
植村邦彦『市民社会とは何本概念の系譜』平凡社，2010年

第5章
ボランティア活動の推進にかかる政策

本章のキーワード
法規範 ● 画一性 ● 自発性 ● 自律性 ● 協働

▶▶▶ ボランティア活動は、より豊かな社会を創出していくうえで重要な役割を果たすものであり、この点で、行政機関による政策立案のめざす方向（理念）と一致する。しかしながら、行政機関は、もともと法規範の解釈・適用を旨とし規制や給付といった手法をとおして統治作用を実現する機関であることから、場合によっては、ボランティア活動にマイナスの影響を与えることが懸念される。

ここでは、こうした状況をふまえ、法規範のもつ性格や統治作用の意義や限界を理解するとともに、ボランティア活動推進のための条件整備のあり方や協働推進の方法などについて考察しつつ、これらをより望ましいかたちに発展させるための政策のあり方について展望する。

1　ボランティア活動と統治作用

（1）　法規範による統治作用

　現行の日本国憲法においては、国家の統治機構として、立法、行政、司法の三権が定められており、国会、内閣および裁判所といった統治機関が、それぞれこれらの権能を任っている。これらの機関は、それぞれ独立した権限を有し、各機関がほかの機関による権限の行使をチェックしあうしくみがとられている。このような近代的な立憲主義にもとづく統治機構は、憲法そのものが国民権利

を保護することを主たる目的に制定されていることをふまえ，国家権力が濫用されることを防ぐために整備されているものである。

　いうまでもなく，立法機関は法律や条例などの法規範を制定する機関であり，また行政機関は国民を被統治者としてそれらの法規範を解釈・適用するための機関である。さらに，司法機関は法規範をめぐって生じるさまざまなトラブルを個々の事件ごとに解決するための機関である。これらからわかるように，立法，行政，司法いずれの機関も，「法規範」というものを使って統治作用を進めており，こうしたしくみは，地方公共団体においても同様である。いうなれば，日本を含めて近代的な立憲主義国家では，憲法秩序の下で，法規範を制定・適用することにより統治を行うことが基本とされているのである（学問的には「法規」という言葉が用いられることが多いが，ここでは，要項や規則なども含めて「法規範」という用語を用いる）。

　国家権力による統治作用には，公共の利益のために，「○○してはいけない」という禁止事項を制定・適用したり，場合によっては，基本的人権の一部を制約したりする作用が含まれる。むしろ，実際の法規範をみると，このような市民を規制する性格をもつものが少なくない。それゆえに，憲法は，不当な権限行使を排除・防止するために，三権分立による統治機構を設けたり，憲法改正要件を厳格にしたりするなどさまざまな「歯止め措置」を設けているものと考えられる。

　19世紀以降生まれた近代的法治国家においては，法規範の制定・適用を民主的にコントロールし，とくに行政機関によるその濫用をいかに防ぐかが，統治上の基本的な課題であった。ところが，20世紀に入り，多くの国において貧困問題や階級間格差が発生し広がりを見せてくると，いわゆる福祉国家観にもとづく法規範が制定されるようになった。これに該当するものとしては，例えば，生活保護制度や義務教育制度など給付（サービスの提供）を主たる内容とする法制度や，産業振興計画など行政や企業等を緩やかに方向づけする行政計画の策定などがあげられよう。これらが立脚している考え方は，憲法のレベルでいえば，生存権，労働基本権，教育を受ける権利といった社会権の生成と

結びつくものである。こうした流れのなかで，現代社会における法規範は，規制を主たる内容とする伝統的なタイプと，給付を主たる内容とする福祉型のタイプとに大別することができる（福祉国家観と統治作用との関係については，例えば，『憲法』（芦部信喜ほか，岩波書店）などを参照のこと）。

　国家権力による統治作用は，歴史的な経験をふまえれば，市民の権利や自由を侵害する危険性を常にもつものであり，後述するように，ボランティア活動にこうした統治作用がかかわる際には，その自発性や自律性の徹底した尊重など，慎重な配慮が求められる。このことは，規制を内容とする統治作用にとどまらず，給付を内容とする統治作用においても同様と考えられる。

（2）　法規範の一般的性格と統治作用

　一般に，法規範は，「画一性」「安定性」「強制力」といった性格を有すると考えられる。ここでいう「画一性」とは，法規範による規制や給付は，原則として，被統治者の属性などにかかわらず画一的（公平）に行われなければならないという趣旨であり，また「安定性」とは，一度制定された法規範やその解釈・適用は，それらに対する国民の信頼を保護するため，安易に変更（改正）されてはならないという趣旨であり，さらに「強制力」とは，公益目的を達成するためには，一定の要件の下で強制的な措置を発動することもあり得るという趣旨である（法規範の性格については，例えば，『現代法学入門』（伊藤正巳ほか，有斐閣）などを参照のこと）。こうした法規範の性格は，わかりやすくいえば一人ひとりの市民を，規制や給付を「受ける側」として位置づけ，それゆえに，「皆に公平に」「いつでも同じ内容で」行うことを原則とするものである。ところがここでは，市民の生活ニーズが多様になっておりいわゆる「公助」だけでは限界があることや，市民による市民へのサービスの提供など市民間の互助的な活動（共助）が大きな社会的意義をもっていることなどがほとんど考慮されていない。ボランティア活動は，基本的に私的自治の領域に属するものとして，法規範による統治作用の対象から除かれてきたのである。

　近年，ボランティア活動に支えられたNPOが増えてきており，行政機関の

認証を受けた NPO 法人数は，2013 年 4 月 1 日現在で 4 万 5000 法人を超えている（内閣府のホームページ https://www.npo-homepage.go.jp/about/npodata/kihon_2.html（2013/6/15））。こうしたボランティア活動や NPO を大切に育て，より豊かな社会を創り上げていくため，ボランティア活動の特徴をふまえ，法規範の性格に十分留意しつつ，適切な制度構築や，政策立案を進めていくことが求められている。

（3） ボランティア活動をめぐる政策立案上の論点

　ボランティア活動は，「ボランティア」という言葉の語源のとおり，一人ひとりの自発的意思にもとづく活動であり，自発性こそはボランティア活動の根幹をなす本質的な性格といえる（第 1 章参照）。それは，自発性をもつ／もたないということも含めて，本来的に，一人ひとりの内面の自由（動機づけやその実践に向けての意識のありよう）に属することがらであり，それゆえに，自発性の創出や抑制について，第三者が直接的・外在的にコントロールすることは適切ではなく，また困難でもある。ましてや，ボランティア活動に対して強制力をもってどうこうするという話にはなり得ない。自発的であるかどうかやその意思の中身は人によって異なるのであり，そこから生じる「人によって活動の目的や態様は異なる」という状況の多様性に対して，法規範のような画一的な性格をもつものがどのようにかかわるのか，きわめてむずかしい問題が常につきまとう。ボランティア活動の原点ともいえる「自発性」は，法規範の性格と最も遠いところにあるといってもよい。

　また，ボランティア活動は，自発的意思にもとづく活動であるがゆえに，外部からのインセンティブ，すなわち経済的利益の有無・内容などによって活動を誘導することは原理的に否定されなければならない。それゆえ政策として，ボランティア活動に対して一定の給付やサービスを与える際，どの範囲まで，いかなるかたちなら許容できるのか，慎重な検討が必要である。なお，ここでの問題は，ボランティア活動に支えられた NPO にも同様に当てはまるものといえる。

いうまでもなく，ボランティア活動は，基本的に公共的価値の実現をめざして行われるものであり，社会全体のガバナンスの一翼を担う場合がしばしば見られる。そこでは，当該活動における公共性の内実が常に問われることになるとともに，同様のミッションを掲げて活動している行政機関やほかの団体との関係がクローズアップされることになる。政策とのかかわりでいえば，ボランティア団体など多様な公共性実現主体が活動している社会においては，行政機関とガバナンスの一部を担って活動しているボランティア団体との間で，あるいはこうした団体同士の間で，対等な関係（パートナーシップ）の構築や協働のありようが，重要な政策課題として提起されるのである。また，これに加え，個々のボランティア活動に対しても，必要に応じ，行政機関による適切なバックアップが求められよう。ボランティア活動の活動者の自律性を保障しつつ，望ましい社会づくりを実現するためのさまざまな取り組みを促進する手法としては，自由な活動の保障を念頭においた活動環境（活動条件）の整備などが考えられる。

2　政策立案にあたっての視点と手法

(1)　政策立案にあたっての基本的視点

さて，ボランティア活動に関して政策立案を行う場合には，いくつかの留意事項がある。それらを政策立案上の「視点」と望まれる政策の「手法」とに分けて説明する。

政策立案にあたっての視点については，ボランティア活動に内在する活動者の自発性や活動団体の自律性を阻害せず，必要に応じて，適時・適切な内容や方法でその向上を促すことが重要である。

(2)　政策立案にあたっての手法

上記の視点と全国各地でとられているさまざまな支援政策をふまえて，具体的に考えられる政策手法をいくつかの類型にまとめて説明すると，次のとおり

である。

　①ボランティア活動は，公共的価値を増大させるものであり，豊かな社会を創るうえで重要な役割を果たすものであることを制度的に認知する

　ボランティア活動は，その内容や方法によって多種多様であるが，それらの多くは，社会（地域）に公共的価値を付加し蓄積させるものである。その一方で，ボランティア活動を「安価な労働力」とみなしたり，その性格を無視して対処したりする人たちも少なくない。そうした認識を社会全体で改め，ボランティア活動に対する正確な理解を普及・定着するとともに，それが豊かな社会（地域）を創るうえで大きな役割を果たすものであることを，制度的にきちんと認めていく必要がある。

　この点に関して，1998年に制定されたNPO法では，その第1条において，「この法律は，特定非営利活動を行う団体に法人格を付与すること並びに運営組織及び事業活動が適正であって公益の増進に資する特定非営利活動法人の認定に係る制度を設けること等により，ボランティア活動をはじめとする市民が行う自由な社会貢献活動としての特定非営利活動の健全な発展を促進し，もって公益の増進に寄与することを目的とする」と規定し，特定非営利活動を行う団体について「法人格を付与する」，すなわち「制度的に認知する」ことをこの法律の基本的な趣旨の1つとすることを明言している。いうなれば，ボランティア活動に支えられたNPOを一定の要件の下に法人として認証するという，いわば「制度的なお墨付き」を与えることによって，NPOの存在意義や社会的役割を広く社会的に認知させようという意図で定められたものと考えられる。なお，法律のタイトルにある「特定非営利活動」とは，不特定かつ多数のものの利益に寄与することを目的とするもので，同法の別表において掲げられている保健医療福祉，社会教育，まちづくり，災害救援など20種類の分野に該当する活動をさしている（内閣府ホームページ https://www.NPO-homepage.go.jp/about/ninshou.html（2013/6/15））。

　②ボランティア活動が支えるNPOの活動資金を充実するため，税制上の優遇措置などにより民間レベルの寄付を促進する

ボランティア活動は，無償を原則とする活動であるが，活動を拡充したり継続したりするため，一定の資金が必要となることがしばしば起こる。こうした事態は，その組織体であるボランティア団体やNPOにおいても同様に見られ，多くの団体において，資金調達は運営上の重要課題になっている。これらの解決をめざして，特定の団体に対して，補助金や助成金の交付をしたり，事業の委託をしたりする政策がとられてきているが，法規範の画一的性格にもとづく他団体との横並びや予算上の制約などから根本的な解決にはいたっていないのが現状である。このような状況をふまえると，資金調達の問題を改善するためには個人や企業などがNPOに寄付をすることを促すしくみをつくることが重要になる。

　この点に関して，NPO法の第44条においては，「特定非営利活動法人のうち，その運営組織及び事業活動が適正であって公益の増進に資するものは，所轄庁の認定を受けることができる」と規定し，一定の基準を満たすものとして所轄庁の認定を受けた法人を，いわゆる認定NPO法人として扱うことを定めている。これにより，認定を受けたNPO法人に寄付をした人は一定の所得控除が，また寄附を受けた法人は法人税の軽減措置が，それぞれ受けられるというメリットが生じることになり，資金調達の問題の改善に寄与するものと考えられる（政府広報オンライン http://www.gov-online.go.jp/useful/article/201204/2.html（2013/6/13））。

　このような税制上の優遇措置は，従前からアメリカなどではさまざまな分野においてとられてきているが，日本では例外的にしか存在しなかった。NPO法がこうした規定を設けたことは，「民が民を支える制度をつくる」という点において，きわめて有意義な政策手法であるといえよう。

③ボランティア活動の充実を図るための環境を整備する

　さて，ボランティア活動の充実を図るためには，活動そのものが自由かつ効果的に行われるように，さまざまな諸条件を整備することが望まれる。ここには，ハードウェアとしての空間の整備・利用促進とともに，ソフトウェアとしての関連情報の収集・提供やボランティア活動などに関する学習機会の提供が

含まれる。こうした環境整備にあたっては，前述のボランティア活動などの性格を十分ふまえることが必要である。この点に着目した政策立案の例としては，次に掲げるものがあげられる。

①ボランティア活動のための打ち合わせや交流のための施設・スペースを提供する。

②ボランティア活動にかかわる情報を提供したり，または情報収集ための便宜供与をしたりする。

③ボランティア活動で生ずるさまざまな課題やボランティア団体における運営のあり方に関してアドバイスやコンサルティングを行う。

④ボランティア活動を行う組織のリーダーを含め組織の構成員のスキルなどを向上させるための学習機会を提供する。

⑤各セクターが共有している活動理念を実現し，活動の社会的成果をより大きくするために，ボランティア団体相互あるいはボランティア団体と行政との間での協働を促す。

ボランティア活動は，個人の場合も団体の場合も，通例ミッションを活動の原動力として実践されるものであり，総合化・複合化した社会的課題の特定部分の解決に焦点があてられていることが多い。それゆえに，そうした社会的課題を社会（地域）全体として解決に導くためには，当該課題の解決にかかわるボランティア団体，NPO，企業，行政機関などの各セクターが，ネットワークを構築しダイナミックな協働をすることが重要となる。この場合，必要に応じて当該ネットワークを構成している各セクター間の情報交流を促したり，あるいは各セクター間のコーディネーションを推進したりするなどキメの細かい政策立案が重要となる。協働を進めるための政策のコンポーネントの例をあげると，次のとおりである。

①行政の施策として位置づけられている事業（イベント）について，行政機関と民間セクターとが対等な立場のもとに，行政機関が委託金の交付や人員の派遣などその有しているリソースを提供し，民間セクターがそれを企画実施する。

②政策の企画段階で，当該政策について民間セクターから提言（アドボカシー）を得るため，行政機関が，特定の民間セクターに対して調査研究事業等を委託する。
③民間セクター間の協働や行政機関における政策立案プロセスへの参加を促すため，協働の理念や必要性，実現するための方法や手続きなどを，条例や要項のようなかたちで制度化する。
④セクター間の情報の共有や信頼関係の構築などを促進するため，メディアを利用した情報交流の場や，関係者同士が対話・交流できるイベントや連絡会議などを主宰する。

なお，これらの政策は，時限を区切っての協働とか，第三者的な実行委員会との協働とか，法規範のもつ画一性の観点をふまえ，十分な配慮が求められる。

3　参加と協働の推進にかかる政策立案

（1）　まちづくり基本条例などの制定

近年，さまざまな民間セクター（ボランティア団体や企業など）が社会全体のガバナンスを担うようになってきており（「新しい公共」の広がり），このような状況の下で，社会的課題を解決しつつ公共的価値を創出・蓄積していくためには，①できるだけ多くの市民によるガバナンスへの参加，②多様なレベルでの協働の推進，とくに行政とボランティア団体などとの協働の推進が望まれるようになってきている。こうした現状をふまえ，多くの自治体では，市民参加や市民協働に関する条例を制定するようになっている。NPO法人公共政策研究所の調査によれば，2013年4月現在で，全国273の自治体において，まちづくり基本条例あるいは自治基本条例といった名称の条例が制定されており，これらのほとんどは市民参加や市民協働についてなんらかの規定を設けている。

これらの条例は，地域の実情などをふまえ，例えば，①自治の基本原則を定めたり市民参加の理念を定めたりしているもの，②参加・協働の手法について定めているもの，③環境や福祉など特定の分野の参加・協働について定めてい

るものといったタイプに大別されるが（市民協働に関する条例の全国的な動向などについては，大久保規子「市民参加・協働条例の現状と課題」『公共政策研究』第4号（2005年1月）を参照のこと），いずれにしても，社会に存在する多様なガバナンス機能を緩やかにまとめつつ，望ましい方向に意義づけしていくうえで重要な役割を果たしており，このような取り組みは，今後ますます広がっていくものと考えられる。

（2） 横浜市の取り組み

横浜市では，2000年に横浜市市民協働条例を制定しているが，このベースになったのが，1999年度に提言された「横浜市における市民活動との協働に関する基本方針」，通称「横浜コード」といわれるものである。横浜コードに

表5.1 横浜市における市民活動との協働に関する基本方針（抄）〔横浜コード／1999年3月〕

3　協働の原則 　市民活動と行政が協働するにあたっては，次の6つの原則を尊重して進める。 （1）　対等の原則（市民活動と行政は対等の立場にたつ） （2）　自主性尊重の原則（市民活動が自主的に行われることを尊重する） （3）　自立化の原則（市民活動が自立化する方向で協働をすすめる） （4）　相互理解の原則（市民活動と行政がそれぞれの長所，短所や立場を理解しあう） （5）　目的共有の原則（協働に関して市民活動と行政がその活動の全体または一部について目的を共有する） （6）　公開の原則（市民活動と行政の関係が公開されている） 4　協働の方法 　協働の6原則を基本に，行政は市民活動との協働を積極的に進める。以下はその具体的方法である。 （1）　補助・助成（市民活動が主体となる公共的事業に対し資金の援助を行う） （2）　共催（市民活動が主体的に行う事業に対し，市が企画及び資金面において参加し共同して事業を実施） （3）　委託（契約規則等に基づき市の事業等の実施を委託するもので，市民活動が相手方となる場合） （4）　公の財産の使用（市民利用施設の優先利用等をルール化する） （5）　後援（市民活動が主体的に行う事業に対し横浜市後援名義の使用により精神的支援を行う） （6）　情報交換・コーディネート等（協議会の設置，広報紙の発行等により，情報交換や事業の検討等を行う）

は，ボランティア活動などの基本的性格をふまえ，下記に示すように，「協働の原則」や「協働の手法」など，行政として協働をどのようにとらえかかわるべきかが端的に示されており，これらの原則や手法は，これまで多くの自治体の活動に影響を与えてきた（横浜市市民協働推進部のホームページ http://www.city.yokohama.lg.jp/shimin/tisihn/jourei/sisin/code.html（2013/6/15）ほか）。

このような取り組みに象徴されるように，市町村レベルにおいては，市民協働を軸にしてガバナンスの拡充をはかろうとしている自治体が少なくない。

4　市民協働と政策立案

ボランティア活動と政策とのかかわりをみていくと，そこには，さまざまなかかわり方があることがわかる。そうしたなかで，政策立案における課題設定（Agenda Setting）の基礎を提供する公共的価値を決定するイニシアチブは，「新しい公共」の普及・展開に伴い，明らかに行政セクターから市民の側（民間セクター）にシフトしているのであり，市民は，単なるサービスの受け手からガバナンスの一翼を担う主体へとその社会的役割を変化させている。その原動力になっているのが，市民一人ひとりのボランタリーな精神であり，それにもとづく実践であるといえよう。それらと伝統的な統治機構とを結びつけて公共的価値の最大化を図るものが「市民協働」であり，これこそが，今後の自治体政策の基本とならなければならない。もとより，市民協働の充実・発展にあたっては，多くの課題が山積しているが，課題が発生するからこそボランタリーな精神と実践が生まれるのであり，そのエネルギーと共生し互恵的な関係を築くことが，今後の自治体政策にとってきわめて重要になっている。

参考文献
芦部信喜『憲法　第5版』岩波書店，2011年
碧海純一『法と社会―新しい法学入門』中央公論新社，1967年
伊藤正巳・加藤一郎編『現代法学入門』有斐閣，2005年
大久保規子「市民参加・協働条例の現状と課題」『公共政策研究』第4号，2005年1月

第6章
まちづくりにおけるボランティアの意味

本章のキーワード
まちづくり ● 生涯学習ボランティア ● 住民参加 ● ソーシャル・キャピタル

▶▶▶ 本章では，まちづくりにおけるボランティアの意味を検討するために，さまざまなまちづくりの形態，歴史，まちづくりへの住民の参加の概念といった視点から，まちづくりとは何かについて論じていく。

現在，さまざまな形態・手法で行われるまちづくりのなかで，とりわけ当該地域の住民による自発的な取り組み（ボランティア活動）に支えられるまちづくりの過程には，ボランティア活動を行う者が地域でのくらしのなかに生きがいを見いだしている事例が多く見られている。本章を通じて，まちづくりにおけるボランティアの意味について，まちづくり全体における意義と，個々のボランティアのやりがいといった2つの側面から，どのようにとらえられるかを考えていきたい。

1 まちづくりの諸相

（1） まちづくりとは何か

誰もが自分自身の住まう地域について，まずは安心かつ安全な住環境であることを望むであろう。では，いったい誰が安心かつ安全な住環境をつくるのであろうか。例えば，交通事故のリスクの少ない道路整備，災害から住民の生命を守るための設備の充実，高齢化の進む地域とりわけ限界集落における医療や福祉体制の整備などのように，地域の住環境を整備する大規模な事業は，行政

過程のなかで行われるべきものであるので，まちづくりの主体者として，まずは国や自治体をあげることができよう。

　しかし，住民が住みやすさを実感できる地域を醸成していくためには，それだけでは不十分である。実際には，行政過程のなかで行われる公共事業に加えて，当該地域に住まう人々が日常生活のなかに横たわるさまざまな課題を解決していくための自発的な取り組みが，住みよい地域をつくるためには不可欠となっている。こうした住民の取り組みには，例えば，登下校中の子どもを事故や犯罪から守るための見守りボランティア，近隣のネットワークを構築しながら地域の治安を維持する防犯ボランティア，育児を終えた住民が近隣の母親の産後および病中病後の家事・育児をサポートする子育てボランティアなどをあげることができるが，実際には枚挙にいとまがないほどの住民による住民のための自発的な活動が，各地で活発に行われている。

　さらには，このような住民のボランティア活動に加えて，個々の地域の特色を引き出し，地域の魅力を創造していこうとする取り組みも，さまざまな主体（国や自治体，企業，NPOを含む多様な市民組織など）および手法のもとに各地で繰り広げられている。例えば，住民が，地域の文化（地域の風土的，地理的，歴史的な諸条件を基盤として，その地域に営々と育まれてきた住民の生活のもとに顕在化された地域独自の生活スタイル，景観・街並み，さまざまな産物，人材）や歴史を学び，現在の地域のありようを追求する取り組み（地域学・地元学と呼ばれるもの）や，住民が地域に根ざした芸術活動，スポーツ・レクリエーション活動などを独自のスタイルで継続的に行い，その取り組みそのものが地域の特色となり，その地域に付加価値をつけているような事例（例えば，北海道富良野市による演劇のまち，静岡県静岡市によるサッカーのまちなど）や，最近ではB級グルメと呼ばれる郷土食を開発して，地域外部にそれを発信していくことで地域を活性化していこうとするものなど，地域の魅力を創造していこうとする多岐にわたった取り組みをあげることができる。実際には，こうした取り組みの多くは，住民の自発的な活動—ボランティア活動—に支えられているものばかりである。

以上にあげたようなさまざまな取り組みは，その主体者が誰であろうと，すべて「まちづくり」と呼ばれるものである。まちづくりとは，当該地域に住まう人々の生命を守るためのハードおよびソフト面での環境整備を基盤としながら，人々がよりよい地域生活を実現していくための環境整備，さらには，ほかにはない魅力を当該地域に創造していこうとする取り組み，つまり特色（付加価値）のある地域に醸成していくような営みである。

　まちづくりの形態には，行政過程のなかで行われるもの，住民の自発的な取り組みとして行われるもの，企業が行うもの，これらのコラボレーションによって行われるものなどがあるが，とりわけ当該地域に住まう人々の自発的な取り組み―ボランティア活動―に支えられるまちづくりの過程には，それらの人々が活動を通じて地域でのくらしのなかに生きがいを見いだしている事例が，多数みられている。

（2）　平仮名表記のまちづくり

　そもそも「まちづくり」という用語は，ときとして「町（街）づくり」と表記されたり，地域づくり，地域おこし，まちおこし，村おこし，村づくりなどと呼ばれたりするが，私たちに最も馴染みのあるのは，やはり平仮名表記の「まちづくり」であろう。なぜならば，この平仮名で表される「まちづくり」が，最も柔らかい言葉の印象をもち，子どもから高齢者までが気軽に参加することのできるものというイメージを有しているからである。実際，この平仮名表記のまちづくりという用語は，行政職員や専門職者の使用する都市計画，都市開発，地域開発，総合計画などを，住民が気構えすることなくとらえることができるようにするため，先進的な自治体が使いはじめた用語である。

　現在では，住民が地域に関することを地域で学びながら（生涯学習を行いながら），その学びの成果を，行政過程への自発的な参加（ボランティア活動）を通して還元しながら展開されるまちづくりの手法が，多くの自治体によってとられている。例えば，静岡県掛川市が1991（平成3）年に制定した「生涯学習まちづくり土地条例」は，住民の「生涯学習」と「まちづくり」という用語を

一体化した名称の条例として注目を集めている。こうした自治体は都市計画，都市開発，地域開発あるいは総合計画などを，柔和で親しみやすい「まちづくり」と呼び，住民の「生涯学習ボランティア」（住民による学びの成果を，個人の内にとどめておくのではなく，広くボランティア活動として地域に還元していくよう活動）を基本としたまちづくりを推進している。

（3） 住民の自発的なまちづくり―ボランティアによるまちづくり―

　現在の日本では，阪神淡路大震災を契機としてボランティアが社会に果たす役割の重要性が広く認知されはじめ，個人のボランティアの力が集結された市民活動・NPO活動が，まちづくりを含む多くの分野で百花繚乱のごとく行われ，日本の市民社会を構築している。このような市民活動・NPO活動として行われるまちづくり，つまり国や自治体とは一線を画して，住民が主体となって行われるまちづくりが，一般的に確認されるようになったのは，おおむね1970（昭和45）年以降である。それまでは，まちづくりというと行政主導型の形態が主流であり，そこに参加するのは特定の住民層（地域の名望家や有力者，町内会や部落会組織等の既存の組織を構成する住民など）がほとんどであった。

　では，なぜ1970年代以降に住民主体のまちづくりが各地で行われるようになったのであろうか。それを説明する鍵は，1970年代前半に日本人が経験したオイルショックである。このオイルショックは，それ以前の日本人の価値観を経済成長一辺倒のものから，人生におけるゆとりや潤いにもとづいた生きがいを追求するような価値観へ，路線変更させた出来事としてとらえられる。たしかに，高度経済成長は日本人に物質的な豊かさをもたらしたが，その裏側では，急激な都市化・過疎化を生み，かつての地域共同体を解体し，地域（まち）の様相を大きく変えるものとなった。変貌した地域のなかで住民同士が連帯して行う地域活動の機会は激減し，その内容は貧弱なものとなっていった。

　そうした状況の下，オイルショックは人々に人生におけるゆとりや潤いについて考えるきっかけを与え，人々は家庭や地域での生活のありようを見直し，解体された地域社会のなかに，新たな住民同士の連帯にもとづく豊かな地域生

活を求めるようになったのである。こうした背景が，各地に住民による自発的なまちづくりを発生させる原動力になっていった。

　こうして生まれたまちづくりは，同じ地域に住まう人々のうち，地域生活に対する問題意識を共有する人々が，個人の自由な意思にもとづいて住民組織をつくり，その問題を解決していくための行動を企画・立案して実践していくものであった。このようなまちづくりの意義は，1つには住民のボランティアの力によって，地域の課題の解決がはかられることである。つまり，住民自治によって，住みやすい地域（まち）が醸成されることである。もう1つの意義は，その過程で，新たな住民間の連帯（共同性）が構築されることである。

2　まちづくりにおけるボランティア活動の深まり
　　―住民参加から住民主体へ―

　住民が自分自身の私的な生活だけではなく，地域での住環境を改善していくための活動に参加するという行為は，ボランティア活動としてみされるものである。本節では，まちづくりにおける住民の「参加」の概念について取り上げたい。なお，ここで取り上げる住民参加の対象は，まちづくりを行う行政過程のみではなく，まちづくりを担う市民組織やNPOなどをも視野に入れてとらえることにしたい。

　表6.1のとおり，まちづくりにおける住民の参加の形態を，3つの段階に整理することができる。表6.1は，第1段階から第2段階，第3段階と段階が進むごとに，住民のまちづくりへの参加度が高まっていき，そこでの住民によるボランティア活動の内容が深まっていく様子をあらわしている。

　第1段階は，住民がまちづくりを推進する主体（国や自治体，企業，NPOを含む多様な市民組織など）の発信する情報に関心を示し，こうした主体が提供するさまざまなイベント（例えば，まちづくりをテーマとした講座，講演会，フォーラム，史跡散策などのスタディ・ツアーなど）に参加する段階である。住民はこうしたイベントに参加することによって，まちづくりについての知識や

表6.1 まちづくりにおける住民の参加の段階

参加の段階	第1段階	第2段階	第3段階
参加者の タイプ	まちづくりに興味・関心をもった人々	まちづくりにおける「知識」を深めた人々	具体的な生活課題を解決するための行動指針を示し、まちづくりの企画・立案を行う人々
参加形態	自治体やまちづくりを担う民間組織の事業枠内に設定された参加	自治体やまちづくりを担う民間組織の事業へ積極的な参加（参画）	住民組織の独自の手法によって、まちづくりを展開するもの
具体的な 参加形態	①関心を示す　②知識を深める　③意見提出　⑤住民管理 ④住民討議　⑥住民立案　⑦住民主体		

考えを深めていくこととなる。

　第2段階は、まちづくりについて一定以上の知識や考えを有した住民が、まちづくりを行う主体（国や自治体、企業、NPOを含む多様な市民組織など）に対して、自分たちの考えを表明したり、こうした主体のまちづくりの方針を住民同士で話し合い、審議したりする段階である。つまり、あらかじめ設定されたまちづくりのイベント枠内への参加にとどまらず、住民が積極的にアクションを起こしていく段階である。

　第3段階は、前段階までにまちづくりにおける知識や考えを深め、第2段階のような実践の経験を積んできた住民が、まちづくりを実践するために住民組織をつくり、自分たちの行動指針を示し、具体的な活動を企画・立案、実施していく段階である。この段階では、住民自身の手でまちづくりにおけるボランティア活動がデザインされ、管理・運営されるので、もはや参加というよりは「住民主体」と呼んだほうがふさわしいかもしれない。この段階は、住民参加の最も進んだ段階である。

3　地域を創造するボランティア活動の実践事例

　本節では、住民のボランティアに支えられながら行われるまちづくりについ

て，タイプの異なる2つの実践事例，「たちかわ市民交流大学市民推進委員会（東京都立川市）」と，「NPO法人高津総合型スポーツクラブSELF（神奈川県川崎市）」を紹介したい。

　前者は，行政が設置した「たちかわ市民交流大学」を運営する市民組織である。全メンバーが東京都立川市に在住する人々によって構成されている。いわば，「地縁型」組織によるまちづくりの事例である。

　後者は，スポーツを通したまちづくりを実践する「NPO法人高津総合型スポーツクラブSELF」の事例である。この組織は，スポーツという特定のテーマを通したまちづくりに取り組む人々によって構成されている。いわば，「テーマ型」のまちづくりの事例である。

（1）　たちかわ市民大学市民推進委員会の事例

　「生涯学習からはじまるまちづくり」というテーマを掲げている東京都立川市では，2007（平成19）年，「たちかわ市民交流大学」を開設し，「市民力で創る生涯学習」をめざした事業が展開されている。そこでは市民と行政との協働によって，立川市内すべての学習施設で実施する各種講座やイベント事業の情報を一元化して市民に親しみやすい広報誌によって情報提供したうえで実施している。

　従来では，こうした講座やイベントの企画・実施および情報の広報活動は，行政職員によって担われていたが，ここではボランティア・スタッフ「たちかわ市民交流大学市民推進委員会」（以下，市民推進委員）が，市の生涯学習事業の一翼を担っている。とりわけ，市民推進委員が企画・実施する「市民企画講座」は，市民交流大学の事業の大きな柱として位置づいている。そのなかには，地域独自のまちづくりを志向する「立川学」と呼ばれるユニークな講座もある。

　市民企画講座が実施されるまでの流れは，次のとおりである。3カ月に一度開催される素案検討会に向けて，各メンバーが講座の講師候補者と面談したり，ほかのメンバーと個別に相談しながらアイデアを熟成させ企画書を作成する。つぎに講座の具体的な実施計画書を作成し，その後に開催される実施案審議会

でこの内容が承認されれば，講座が実施される運びとなる。

　こうした過程を経て，メンバーは講座の企画力を磨いているわけであるが，そもそも多くの人気講座を企画・実施する市民推進委員の力量は，どのような機会に育まれているのだろうか。例えば，市民推進委員会のメンバーであるIさんは，企業を定年退職し，地域社会をベースにした生活を送ることになったことを機に，同世代の住民と体力維持のためにスポーツ活動に取り組んだり，社会貢献のために自治会活動を行ったり，市民企画講座を受講したりしながら，第二の人生を積極的に過ごしていた。そのようななか，Iさんは自身が参加した講座を企画した市民推進委員に勧められ，市民推進委員会の活動に参画することとなる。参画当初は，講座が開催される際の会場設営や受付のボランティア活動を行っていたが，3カ月後に2件の講座を企画し，この案件をほかのメンバーと収斂し，ついにその半年後に講座が実施されることとなった。現在では多くの講座の企画を手がけるIさんのこうした力量は，企業人としての豊富な経験を基盤としながら，受講生として参加した講座の終了後に発足させた自主グループでの活動によって養われた。自主グループの活動は，「学んで，語って，友達の輪」をモットーに，メンバー間でこれまでの人生で培ってきたさまざまな経験や思いを自由に吐露し，聴く側は敬意をもってこうした発言を受け止めるというものであった。つまり，Iさんはこのような機会で同世代の地域住民の多様な人生経験と考え方にふれながら，講座を企画するためのアイデアや学習ニーズを把握していたのである。

　市民推進委員は，日常的な地域生活を通して，多くの住民が関心を抱く講座のテーマを探求し，講座の講師を務めることのできる市民リーダーや，講座を円滑に進めるために必要なボランティアとして参加してくれるような住民とのネットワークの構築に配慮しているという。講座に参加した人々に喜んでもらえることが，市民推進委員にとっての生きがいとなっている。

（2）　NPO法人高津総合型スポーツクラブSELF（川崎市）の事例

　スポーツをテーマとしたまちづくりに取り組むNPO法人高津総合型スポー

ツクラブSELF（以下，SELF）は，「幼児から高齢者の誰もが気楽にスポーツに親しみ，健康・体力の保持増進を図るとともに，スポーツを通して会員相互の親交と明るく豊かな生活の実現のために資すること」を目的として，2006（平成18）年にNPO法人として認証された団体である（母体は2003年に設立）。団体名SELFとは，Sports, Enjoy, Life, Friendlyという当団体の活動理念を表現したものである。また，企業でも行政でもない，地域の人々が主体的に運営するスポーツクラブという意味からも，SELF（自分自身）と呼ばれている。

　川崎市立高津中学校内に事務局とクラブハウスを設置するSELFは，幼児から高齢者までの会員約3000名（2011年時点）に，気軽に参加できる多種目のスポーツ活動の場を提供している。クラブの運営は，基本的に会員のボランティア精神によって支えられている。ボランティア・スタッフ数は，現在では優に100名を超えている。その一方で，SELFは指定管理者として高津スポーツセンターの運営業務を川崎市より受託し，下記のような事業を展開している。

・学校施設・地域スポーツ施設を活用した，計画的スポーツ活動の実施
・会員相互の親交を図り，会員の健康・体力の保持増進をめざす行事の開催
・地域住民が参加できるスポーツ活動の推進および地域づくりに資する行事（ボランティア活動）などの推進・参加
・クラブが主体的に実施するスポーツ物品などの物販事業
・指導者・講師の派遣事業，施設管理事業など

　こうした事業は，SELFの活動テーマである「スポーツが育むひと・まち・みらい」に則って，「人づくり」「仲間づくり」を通した地域社会のネットワークの構築に重点をおきながら推進されている。

　東日本大震災の際には，SELFの活動が日ごろから育んできた地域社会のネットワークの力が発揮された。震災当日，SELFは多くの帰宅困難者に対して高津スポーツセンターを開放し，ボランティア・スタッフ総出で暖房の用意，毛布の配布，交通機関の運行状況の情報提供などを徹夜で行った。震災という非常事態でこのような対応ができたことは，住民同士のネットワークが強固に構築されているからこそ実践できたことである。

本節では，2つのまちづくりの事例を紹介した。実際，地域社会のなかでは，さまざまなテーマ・目的のもとに，多様なスタイルで行われるまちづくり活動が重層的に展開されている。このような多様な個々のまちづくりの取り組みが地域のなかで織り成され，その結果として，地域のソーシャル・キャピタル（社会関係資本）が豊かになり，ボランティア活動を実施する人々，それを享受する人々の双方にとって，住み心地がよく生きがいをもたらすまちを形成していくのである。

（謝辞）本章第3節の事例紹介をまとめるに際しまして，立川市市民推進委員の伊藤博さん，川崎市高津総合型スポーツクラブの小林優作さんに貴重な情報とご意見をいただきました。ここに深く感謝を申し上げます。

参考文献
池上惇・小暮宜雄・大和滋編著『現代のまちづくり』丸善，2000年
田中雅文・坂口緑・柴田彩千子・宮地孝宜『テキスト生涯学習』学文社，2008年
田村明『まちづくりの実践』岩波書店，1999年

第7章
学校支援ボランティア

本章のキーワード
学校支援ボランティア ● 学校支援地域本部 ● コーディネーター
大人の自己形成 ● 知の循環型社会

▶▶▶ 近年、ゲストスピーカーによる授業支援、登下校の見守り、学校の環境整備など、学校教育を支援するボランティアに注目が集まっている。学校教育は地域社会の住民、機関・団体の支援によって、より活性化され、子どもたちへの教育は、量、質ともに向上することが期待できる。いっぽう、地域住民の学校支援の活動は、地域住民自身の自己形成となり、さらには、地域社会の活性化へとつながっていく。

本章では、学校支援地域本部事業などの施策を紹介しながら、学校支援ボランティアの概念、意義や歴史、現状や課題、今後の可能性について取り上げていきたい。

1 学校支援ボランティアとは

(1) 学校支援ボランティアの展開

これまで日本では、保護者・PTAを中心とした地域住民が、学校に対してさまざまな支援を行ってきた。例えば、PTAによる「奉仕活動」などと称した学校の環境整備活動もその1つといえよう。近年では、子どもをとりまく地域社会の変化に伴う、「見守り」など登下校の子どもの安全確保に向けた取り組みもさかんに行われている。また、「総合的な学習の時間」や「勤労体験学習」を始めとしたキャリア教育の推進など、教育内容の多様化に対応するため、ゲストティーチャー、ティーチングアシスタント（TA）などのかたちで地域

住民による学校支援は活発化してきている。保護者を含めた地域住民の学校支援に対して，国が政策として積極的に取り組むようになったのは，1990年代の半ばごろからである。以下，これまでの取り組みの歴史を概観したい。

1996（平成8）年に公表された中央教育審議会答申「21世紀を展望した我が国の教育の在り方について─子供に［生きる力］と［ゆとり］を─」は，第2部「学校・家庭・地域社会の役割と連携の在り方」第4章「学校・家庭・地域社会の連携」において，「子供たちの教育は，単に学校だけでなく，学校・家庭・地域社会が，それぞれ適切な役割分担を果たしつつ，相互に連携して行われることが重要」とし，「地域の人々や保護者に学校ボランティアとして協力してもらうなどの努力を一層すべき」と，「学校ボランティア」への期待を表明している。

こうした地域住民への期待は，同年に公表された生涯学習審議会答申「地域における生涯学習機会の充実方策について」においても述べられている。第2章「地域社会に根ざした小・中・高等学校」では，「今日，子供たちは社会的な価値観の大きな変化や，マスメディア等を通じてもたらされる様々な社会的風潮の影響を強く受けており，学校は社会から孤立して教育を進めることはできない。学校が適切に教育活動を展開するためには，家庭，地域社会との密接な連携が不可欠である」としながら，「地域の教育力の活用」と「地域社会への貢献」の2つの側面から，改革の方向性を示してる。

具体的には，地域社会の人材などを活用した教育活動として，特別非常勤講師制度の活用，学校行事や部活動での専門家の活用，地域のボランティア活動を行う団体などから協力を得ることが提案されている。

1998（平成10）年12月に告示された「小学校学習指導要領」は，「総合的な学習の時間」を創設するなど，これまで以上に，生きる力の獲得を中心とした，子どもたちの主体的かつ，多様な学習を促すものとなった。こうした変化に，学校や教師の力だけで対応することはむずかしく，これまで以上に地域住民の支援が必要となってきた。小学校学習指導要領総則には，「指導計画の作成等に当たって配慮すべき事項」の1つとして，「開かれた学校づくりを進めるた

め，地域や学校の実態等に応じ，家庭や地域の人々の協力を得るなど家庭や地域社会との連携を深めること。また，小学校間や幼稚園，中学校，盲学校，聾学校及び養護学校などとの間の連携や交流を図るとともに，障害のある幼児児童生徒や高齢者などとの交流の機会を設けること」と示された。1989（平成元）年告示の同事項（地域や学校の実態等に応じ，家庭や地域社会との連携を深めるとともに，学校相互の連携や交流を図ることにも努めること）と比べると踏み込んだ記述となっていることが見てとれよう。

2008（平成20）年に告示された学習指導要領は，「生きる力」を身につけるということを継承しつつ，「外国語活動」などの新しい授業を創設するなど，学習の幅は広がっている。地域住民による学校支援への期待はますます高まっている。このような地域住民による学校支援の促進を後押しするため，文部科学省は学校教育法の改正，新たな教育制度の策定，委託事業（モデル事業）の展開など，積極的な対応を続けてきた。

さらに近年，子どもたちの放課後活動の支援や学校教育の組織的な支援への要請が高まりを見せるなかで，放課後子ども教室（放課後子どもプラン），学校支援地域本部事業など，新たな取り組みが提案され，文部科学省の委託事業として展開されてきた。これらの事業のなかで，中心的な役割を担うのが，地域住民によるボランティア，つまり，学校支援ボランティアである。

（2） 学校支援ボランティアの種類と活動

以上のように，近年，政策の後押しを得るようになった学校支援ボランティアは，現在，それぞれの地域で，多様なかたちで学校支援を行っている。章の冒頭で示したようないわゆる「奉仕活動」も数ある学校支援の1つである。

佐藤晴雄は，学校支援ボランティアの学校支援の目的を，活動の特殊性（専門的知識が必要な活動）—活動の一般性（誰にもできる活動）の軸，学習支援—環境支援軸の2つの視点でとらえ，①ゲストティーチャー型（学習支援×専門的）：教科指導，ものつくり指導，伝統芸能演示，部活動指導など，②学習アシスタント型（学習支援×一般的）：少人数指導・TT指導の補助，教材作成の

```
       活動の特殊性（専門的知識・技術が必要）
   ③施設メンテナー型  │  ①ゲストティーチャー型
   環境支援 ─────────┼───────── 学習支援
   ④環境サポーター型  │  ②学習アシスタント型
       活動の一般性（誰にでもできる）
```

図7.1　学校支援ボランティア4タイプ
出所：佐藤晴雄『学校支援ボランティア―特色づくりの秘けつと課題』教育出版，2005年，p.26の図をもとに作成

協力，通学安全指導，校外学習の引率など，③施設メンテナー型（環境支援×専門的）：施設の補修，植木の剪定，パソコン管理など，④環境サポーター型（環境支援×一般的）：学校内外パトロール，図書室運営，学校施設の清掃などの4タイプに類型化している（図7-1）。

　この4つの類型で，学校支援ボランティアの活動をとらえることが可能であるが，学校支援を広い意味で考えると，例えば，学校評議員や学校運営協議会のように地域住民が学校運営へ参加することも，1つのタイプとしてとらえることも可能である。こうした学校運営に対して，地域住民がボランティアとしてかかわることも，学校支援ボランティアの新しい領域と考えられよう。

（3）　学校支援地域本部とコーディネーター

①　学校支援地域本部の概要

　2008（平成20）年度から文部科学省の委託事業として，学校支援地域本部事業がスタートした（委託期間は3年間で，以降は補助事業となり，国・都道府県・市町村がそれぞれ経費の3分の1ずつを負担する）。学校支援地域本部事業のねらいは，「①教員や地域の大人が子どもと向き合う時間が増えるなど，学校や地域の教育活動のさらなる充実が図られ，②地域住民が自らの学習成果を生かす場が広がり，③地域の教育力が向上することが期待されます」とされている。

学校支援地域本部は，以下の3点により構成される（文部科学省・学校支援地域活性化推進委員会『「みんなで支える学校　みんなで育てる子ども」─「学校支援地域本部事業」のスタートに当たって─』文部科学省，2008年）。

①地域コーディネーター：学校とボランティア，ボランティア間の連絡調整などを行い，学校支援地域本部の実質的な運営を担う，学校支援地域本部の中核的役割。

②学校支援ボランティア：学習支援活動，部活動の指導，環境整備，子どもの安全確保，学校行事の運営支援。

③地域教育協議会：方針などについて企画，立案を行う委員会。学校やPTA，コーディネーターやボランティア代表をはじめ，公民館等の社会教育関係者，自治会や商工会議所等地域の関係者などを想定。

同事業は，事業開始から5年経過し，すでに多くの成果が報告されている（参考文献など参照）。学校支援地域本部事業では，上記のようなモデルが示されているが，実際には，地域ごとに試行錯誤し，それぞれの地域の実情に適した固有のしくみが設置されていくことが求められる。そして，それぞれの地域で得られた成果を共有し，参考にしあいながら，効果的な運営へとつなげていくことが肝要である。

②　コーディネーターの役割

学校支援地域本部事業のなかで，鍵となるのが地域コーディネーターである。地域コーディネーターは，地域によってその名称や勤務形態は異なるものの，学校支援には欠かせない存在として認知，整備され，学校と地域をつなぐ橋渡し的な役割を果たしている。この点に関し，浅井経子はコーディネーターの役割として，「マッチング」と「調整」をあげている。つまり，人と人，人と学習資源が適切にマッチングするよう調整する役割である。学校支援に関していうと，学校に学校のニーズにあった地域住民を紹介する，地域住民にその人のニーズにあった学校支援活動を紹介することなどが該当する。さらに，学校と地域などが共催で事業を行う際の役割分担を調整する，学校支援グループの組織化，活動計画作成の支援を行うなどの役割が想定される（「コーディネーター

養成の研修プログラムに共通する要素」『社会教育を推進するコーディネーターの役割及び資質向上に関する調査研究報告書』国立教育政策研究所社会教育実践研究センター，2008年，p.23）。

2 学校支援ボランティアの実際

（1） 学校支援ボランティアの現状

文部科学省が学校支援地域本部を対象として，2011（平成23）年に実施した「平成22年度学校支援地域本部事業の実施状況調査」から，学校支援ボランティアの現状についてみていきたい。

まず，学校における活動内容では，「学習支援」を実施したのは77.0％と最も多く，ついで，「校内環境整備」69.0％，「読み聞かせ・読書活動支援・図書室整備」67.8％，「子どもの安全確保」64.7％，「学校行事等の運営支援」58.7％となっている。いっぽう，「部活動指導」は28.7％とあまり高くない（n=970）。さらに，「学習支援」の具体的な内容についてみると，「ゲストティーチャーとしての授業補助」が75.9％と最も多く，ついで，「授業における実験，実習，校外学習の補助」62.6％，「教師のアシスタント（TA）としての教員の授業補」50.1％となっている。「課外（放課後及び土日等）での学習支援」30.5％，「ドリル等の採点補助」11.0％はあまり多くない（n=744，無回答除く）。

（2） 学校支援ボランティアの事例

学校支援ボランティア活動を活性化していくためには，組織的な取り組みが不可欠である。まず本節では，すぐれた実践として各方面より注目されている新潟市教育委員会の「地域と学校パートナーシップ事業」を紹介したい[1]。

新潟市が2006（平成18）年3月に策定した「新潟市教育ビジョン」は，「学力・体力に自信をもち，世界と共に生きる心豊かな子ども」「生涯を通じて学び育つ，人間力あふれる新潟市民」をめざす子ども・市民の姿とし，「5つの『学びの扉』」として，重点5施策を示した。その1つが，「学・社・民の融合

による教育」の推進である。これは，学校（学），社会教育施設（社），地域住民，家庭，団体，企業など（民）が，それぞれの役割を果たしながら，「一体」となって教育を行い，それぞれの教育活動の融合により，市がめざす子ども・市民を育成することを企図している。同施策を具現化するために2007（平成19）年度より展開されているのが「地域と学校パートナーシップ事業」である。同事業を担当するのは，教育委員会事務局におかれる「地域と学校ふれあい推進課」で，社会教育に対する見識をもった「指導主事」がおかれ，地域と学校の「ふれあい」連携の強化を推進するための業務を担当している。

「地域と学校パートナーシップ事業」は，①学校と社会教育施設，地域活動を結ぶネットワークづくり，②学校の教育活動・課外活動における地域人材の参画と協働，③学校における地域の学びの拠点づくり，④学校の教育活動の様子を地域に発信の4点を施策の柱として，積極的に取り組まれている。

同事業の中心をなすのが，「地域教育コーディネーター（以下，コーディネーター）」である。コーディネーターは，地域の情報に精通し，人的なネットワークをもつ，地域および学校からの信頼が厚い市民が，市の非常勤職員として採用される。コーディネーターは，職員室や地域連携室，余裕教室などで，原則として一日4時間，週16時間を超えない範囲で勤務する。携帯電話，パソコン・プリンター，デジタルカメラが教育委員会より貸与される。

コーディネーターは学校を拠点として，地域や社会教育施設との協働を推進するため，学校と地域の「橋渡し的」な役割をもち，各学校において積極的に活動している。本事業の成果は以下のとおりである（河内一美「新潟市『学・社・民の融合による教育を進めています！』」『新潟県公民館月報』2012年10月。表現など筆者が一部修正）。

①子どもたちの学習意欲が高まったり学習内容の理解が深まった。
②地域住民にとっては，ボランティア活動を通して，生涯学習の成果を発揮する場・仲間づくりの場・学び合いの場になっている。
③学校では，学校支援ボランティアとの"共育"のよさを実感し本事業の活用が進むとともに，子どもたちや教職員が，地域の一員として，地域に貢

献する活動を推進する傾向が年々高まっている。

④学校と公民館や図書館など社会教育施設との連携が年々充実してきた。

以上のように，2007（平成19）年度に市内8校でスタートした同事業は，その後，着実に裾野を広げ，2012（平成24）年度は158校で実施，1万9596名のボランティア（のべ人数は17万4916名）が活動した。2013（平成25）年度には，市立のすべての小学校（113校），中学校（57校），中等教育学校（1校），特別支援学校（2校）計173校に，「地域教育コーディネーター」が配置された。今後，ますます活性化されることを期待したい。

つぎに，学校支援地域本部事業の好事例として，横浜市立東山田中学校の学校支援地域本部を紹介したい[2]。同校は，2005（平成17）年度に神奈川県初の学校運営協議会設置校として開校した新しい学校である。学校支援地域本部は2009（平成21）年からスタートした。対象となるのは，東山田中学校のほか，学区内の3つの小学校である。同中学校には，地域と学校を結ぶ場として「コミュニティハウス」が併設され，学校支援地域本部の事務局がおかれている。

コミュニティハウスは，同中学校の中庭に面した約380㎡の学校開放施設であり，「子どもも大人も一緒につどい学ぶ場」「地域と学校をむすぶ場」として，年間4万人弱の市民が利用する。開校以来，コミュニティハウスを中心として築き上げた地域と学校の関係を土台として，地域による学校支援の活発化を図っている。これまで，キャリア教育支援，小中学校のボランティアコーディネート，「英検」等の運営などの学校支援を行っており，とくに中学校のキャリア教育では，プロに学ぶ（1年生），職場体験（2年生），模擬面接（3年生）と系統的な支援を実現している。コミュニティハウス館長の竹原和泉氏によれば，こうした学校支援に地域住民が積極的にかかわることによって，新たな交流が広がり，学校の応援団が増えていくとのことである。また，運営にあたっては，「協働のプロセスを大切に」することをモットーとし，学校の教職員とコーディネーターとの打ち合せを重視するなど，子どもにかかわる関係者の「皆が参画」する工夫をしている。さらに，市民向けに「学校支援ボランティア養成講座」を開催したり，現役世代が学校支援地域本部のホームページ（や

またろうネット）の運営にかかわったりするなど，ネットワークを広げる努力を行っている。こうしたさまざまな配慮によって，学校支援は活性化され，地域と学校の絆は広がっている。

3　学校支援ボランティアの可能性と課題

（1）　学校支援から大人の自己形成へ

　田中雅文は，保護者を中心とした地域住民と学校の連携による学校ビオトープづくりの実践の詳細な分析から，学校支援ボランティア活動への参加が，ボランティア自身の自己形成につながることを示している（『ボランティア活動とおとなの学び』学文社，2011年）。言い換えれば，学校支援ボランティアは，学校を支援する大人の学習の場となる可能性を潜在的にもっているということである。このことは，前節で紹介した新潟市の事例においても事業の成果として述べられている。

（2）　学校を中心とした地域社会の絆の活性化

　文部科学省は，震災時，避難所となった宮城県内の小中学校の校長40名への聞き取り調査を実施し，以前から学校支援地域本部を設置していた学校は，設置していなかった学校に比べて避難所の運営が円滑に行われたということが明らかになっている。このことは，地域住民が学校支援にかかわることによって，地域住民と学校，地域住民同士がコミュニケーションを取り，結果として，地域住民と学校の関係，学校を中心とした地域住民同士の関係が深まったことを示しているといえよう。

　筆者は以前，地域住民が中心となって運営する地域組織が実施する中学生の勤労体験学習の事業にかかわったことがある。そこでも，勤労体験の体験先となり中学生を受け入れた事業者である地域住民と中学生，当該学校の教員，地域組織の構成員の4者間に，それまではなかった新しい関係性が創出されることが見てとれた。子どもの支援を通して，地域の新たな絆が生まれるのである。

（3） 知の循環型社会の構築へ

　学校支援は，地域住民の学習成果の活用という側面もある。中央教育審議会答申「新しい時代を切り拓く生涯学習の振興方策について～知の循環型社会の構築を目指して～」(2008 年) は，「知の循環型社会」を「各個人が，自らのニーズに基づき学習した成果を社会に還元し，社会全体の持続的な教育力の向上に貢献する」社会と位置づけ，持続可能な社会の基盤，持続可能な社会の構築に貢献するとしている。なお，「知」とは，「狭義の知識や技能のみならず，自ら課題を見つけ考える力，柔軟な思考力，身に付けた知識や技能を活用して複雑な課題を解決する力及び他者との関係を築く力等，豊かな人間性を含む総合的な知」と広くとらえている。

　地域住民が学習成果（意図的に学習した成果，経験を通して身につけたものなど）をいかして，さまざまなタイプの学校支援を行うことは，知の循環型社会の１つの姿であり，持続可能な社会へと誘うものである。とくに現在，「団塊の世代」と称されるこれまで日本の社会や経済を支え，企業などを退職した方々の知識や経験は，学校支援のあらゆる局面において貴重な資源となりうるだろう。

（4） 学校支援ボランティアの課題

　これまで，学校支援ボランティア導入における課題として，多くの論文・文献や調査報告などで語られてきている。それらの議論を整理すると，教職員の理解不足，ボランティア導入のための予算（交通費や謝礼も含む）の不足，ボランティア人材の確保および維持，ボランティアの質の向上，事故などへの対応，児童生徒にかかわる個人情報などの学校の情報の取り扱いなど，多様な課題をかかえている。さらに，関係者間のミッション（目的やねらい）の共有，ボランティアのモチベーション強化，ガバナンス機能をいかに機能させるかなどの運営上の課題も指摘できる。

　また，学校支援ボランティアの導入が，「学校のスリム化」につながるよう配慮しなければならない。これまで，地域住民をゲストティーチャーとして招

聘するなどした場合に，教員の仕事量が増大することを危惧する声が多かったことも事実である。学校支援地域本部事業など，学校支援ボランティアの組織的な展開によって，従来から危惧されてきた，学校（教員）の負担の増大を回避しなければならない。

　最後に学校支援ボランティア活動の充実，活性化のための方策として，社会教育主事による支援について述べておきたい。2008（平成20）年の「社会教育法」改正により，社会教育主事およびの社会教育主事補の職務（第9条の3）に「2　社会教育主事は，学校が社会教育関係団体，地域住民その他の関係者の協力を得て教育活動を行う場合には，その求めに応じて，必要な助言を行うことができる」とする条文が追加された。今後，社会教育主事のもつ経験やノウハウを活用し，学校支援ボランティアがますます充実するよう期待したい。

注
（1）　新潟市ホームページ「地域と学校パートナーシップ事業」(http://www.city.niigata.lg.jp/kosodate/gakko/f_index/p_index/index.html)，新潟市教育委員会『地域と学校パートナーシップ事業リーフレット』などの各種資料，河内一美「新潟市『学・社・民の融合による教育を進めています！』」『新潟県公民館月報』2012年10月など。また，新潟市教育委員会地域と学校ふれあい推進課長河内一美氏からは同事業にかかわる貴重な資料や情報をいただいた。
（2）　竹原和泉『学校と地域をむすぶ―横浜市立東山田中学校区の試み―』平成24年度社会教育主事講習（国立教育政策研究所社会教育実践研究センター）資料など。同コミュニティハウスの詳細は，東山田中学校区のコミュニティサイト『やまたろうネット』(http://www.yamataro.net/)を参照いただきたい。

参考文献
伊藤俊夫編『学校と地域の教育力を結ぶ』社会教育連合会（現，日本青年館），2001年
佐藤晴雄編著『学校支援ボランティア―特色づくりの秘けつと課題』教育出版，2005年
高橋興『学校支援地域本部をつくる―学校と地域による新たな協働関係』ぎょうせい，2011年
田中雅文『ボランティア活動とおとなの学び―自己と社会の循環的発展』学文社，2011年

第8章
社会教育施設ボランティア

本章のキーワード
社会教育施設 ● コーディネーター ● 学び ● 協働

▶▶▶ 社会教育施設におけるボランティア活動は，活動自体が社会教育活動であることが多い。自己の形成や成長の側面と施設の活性化という社会性をもちながら，必ずしも施設に封じ込められることなく，次第に地域やほかの施設とのネットワークを形成するなど「学び」を基点とした社会的な活動に転化していくケースも見られる。指定管理者制度や市町村合併などの影響を受けながら，ボランティアは次第に組織化し，協働の相手として社会的な役割を果たしていく方向性も見えてくる。同時に人々のもう1つの居場所として一人でも活動できるプログラムも提供されている。社会教育施設ボランティアは多様な展開が可能なことに特徴がある。

1 社会教育施設とは何か

本章で社会教育施設とは，公民館，図書館，博物館，青少年教育施設（青年の家，少年自然の家，青少年交流の家など），男女共同参画センター，生涯学習（推進）センターをさし，これらに加えて体育館などのスポーツ施設，文化会館などの文化施設なども包含する。近年では，公園をはじめとする広域的な公共空間をボランティア活動の場とする人々も増えており，そこでは社会教育にかかわるボランティア活動も展開されている。

社会教育施設は，「教育機関」であり，「公の施設」であると同時に「公共施

設等」としてもとらえられているが，本章では単なる建造物を表現する言葉ではなく，事業が実施され，職員が配置されるなどの機能が備わったものとしてとらえることとしたい。同時に人々の自己教育や相互教育を促進することを目的とした存在としてとらえていくこととする。社会教育施設は，直接的に人々の学びの場であることに大きな特質があり，そのことによって社会教育施設ボランティア活動そのものが学びであるとともに，施設の活性化に貢献するという特質をもっているといえる。したがって，社会教育施設にとっては，ボランティア活動は学習機会の1つであるとも考えることができる。

2　社会教育施設ボランティアの意義

社会教育施設ボランティアとは，社会教育施設を活動の場とするボランティアである。活動内容も施設の設置目的やその機能によって大きく異なっており，活動の態様も多様である。社会教育施設におけるボランティア活動は，市民側からの活動に対する要望も見られたが，それ以上に国（具体的にはかつての社会教育審議会，生涯学習審議会の答申）が積極的に社会教育施設でのボランティア活動や生涯学習にかかわるボランティア活動を奨励してきた。そのシンボル的な存在が1986年の社会教育審議会社会教育施設分科会「社会教育施設におけるボランティア活動の促進について」（報告）である。この報告では，ボランティア活動を「自己の成長を図るという考え方が目立つようになっている」と現状をとらえた。そのうえで「ボランティア活動は，一面ではさまざまな相互の触れ合いの中で，教えかつ学ぶという相互学習の機能を持っている」ととらえ，「自らの知的，精神的世界を広げ，生きがい意識を高めることも期待できるのである」としている。さらに「ボランティア活動を通して自己の新しい能力を見出し，交友関係を広げるなどその効用は計り知れないものがある」としており，ボランティア活動による自己の成長や人生の充実といったボランティア個人に向けた意義が強調されている。こうしたボランティア活動の意義を個人に向ける志向は，その後の生涯学習審議会答申でも同様に見られる。

1992年の生涯学習審議会答申「今後の社会の動向に対応した生涯学習の振興方策について」において，生涯学習とボランティア活動の関係を3つの視点からとらえている。第1はボランティア活動そのものが自己開発，自己実現につながる生涯学習となること，第2はボランティア活動を行うために必要な知識・技術を習得するための学習として生涯学習があり，学習の成果を生かし，深める場としてボランティア活動があること，第3は人々の生涯学習を支援するボランティアにより生涯学習の振興が一層図られることである。

これらを見ていくと，ボランティア活動にみられる教育・学習の側面に着目し，社会教育・生涯学習と不可分な存在であることを主張している。

その後1999年の生涯学習審議会答申「学習の成果を幅広く生かす」では，生涯学習は，自己の成長や人生の充実といった側面から，今度は「学習成果の活用」が政策課題として注目され，学習成果を職業生活との関連や高齢社会，地域社会の発展，学校支援に生かす方向性にシフトしはじめる。その一環として，学習成果をボランティアというかたちに変換することが期待されてくる。

これ以降，現在まで学習成果の活用は，もっぱらコミュニティ形成や学校支援，まちづくり，高齢社会など地域課題の解決の切り札として人々の「自発的な」ボランティア活動に国家や行政が強く期待し，施策が展開された。のちに社会教育施設では，ボランティアが次第に組織化され，委託の対象となり「協働」の関係に転換していくことになる。

3　社会教育施設ボランティア活動の現状と活動内容

ここでは，社会教育施設におけるボランティア活動の内容を『社会教育調査報告書』（文部科学省，2004～2013年刊行）の公民館，図書館，博物館の項目からみていこう。

2011年度には，2万3702館の社会教育施設に37万5242人がボランティアとして登録されている（表8.1）。この10年間の変化を見ると，公民館数は減少し，図書館と博物館が増加している。ボランティア登録者数は2005年度に

表8.1 公民館・図書館・博物館で活動するボランティアの登録者数と施設数

(人)　　　　　　　　　　(館)

年度	団体	個人	合計	公民館	図書館	博物館	合計	団体	個人
2002	310,925	68,380	379,305	17,293	2,742	5,363	25,398	*12.2*	*2.7*
2005	372,056	65,175	437,231	17,143	2,979	5,614	25,736	*14.5*	*2.5*
2008	336,224	87,339	423,563	15,943	3,165	5,775	24,883	*13.5*	*3.5*
2011	287,716	87,526	375,242	14,681	3,274	5,747	23,702	*12.1*	*3.7*

注：公民館は公民館類似施設，博物館は博物館類似施設を含む

表8.2 各施設のボランティア登録者数

年度	公民館				図書館				博物館			
	団体	個人	合計	1館当たり	団体	個人	合計	1館当たり	団体	個人	合計	1館当たり
2002	218,306	38,339	256,645	*14.8*	48,096	11,261	59,357	*21.6*	43,898	18,780	62,678	*11.7*
2005	257,157	32,555	289,712	*16.9*	58,630	12,146	70,776	*23.8*	56,269	20,474	76,743	*13.7*
2008	221,351	28,253	249,604	*15.7*	65,979	32,452	98,431	*31.1*	48,894	26,694	75,588	*13.1*
2011	175,426	15,759	191,185	*13.0*	72,055	40,030	112,085	*34.2*	40,235	31,737	71,972	*12.5*

ピークを示し，2011年度では団体で8万4340人が減少し，個人で2万2351人の増加がみられる。一館当たりのボランティア団体数と個人ボランティア数の推移（表8.1の斜体数値）をみても，団体数は減少して，個人数は増加している。

ボランティア登録者数は，公民館での減少が顕著である（表8.2）。2005年度に比べて団体では約3割，個人では半減しているが，1館当たりの登録者数は，それほど減少しているわけではない。それに比べて図書館は，団体で2割増，個人では3.3倍と大幅に増加しており，団体，個人ともに順調に増加している。1館当たりの数も増加している。博物館は，2005年度にピークがみられ，団体は3割程度減少しており，個人は1.5倍に増加している。1館当たりの数は，大きな変化がみられない。図書館で活動するボランティアが増加しているほかは，総じて減少している。

表8.3 公民館のボランティア活動内容別人数

活動内容	主催事業(講座等)の運営支援	施設利用者の活動補助	自主企画事業(講座等)の実施	環境保全(館内美化等)	託児	その他
2008年	1,507	558	924	783	382	581
2011年	1,438	477	865	807	368	531

注:公民館+公民館類似施設

表8.4 図書館のボランティア活動内容別人数

活動内容	配架・書架整理	図書の修理・補修	本の読み聞かせ	障がい者サービス	環境保全(館内美化等)	その他
2008年	518	342	1,990	480	234	508
2011年	586	445	2,200	488	235	622

　つぎに,各施設での活動内容をみていこう。ボランティア活動の内容別の調査は,2008年度以降行われている。

　公民館では,圧倒的に多くが主催事業の運営支援となっている。次いで,自主企画事業の実施である。公民館では,ボランティアが自主的に企画立案し講座を運営することに大きな特徴がある。また,ほかの施設に比べて環境保全(館内美化)が多いことに特徴がみられる(表8.3)。図書館での活動は,本の読み聞かせが圧倒的に多い。また一人で活動できる配架・書架整理や図書の修理・補修も多くなっている。障がい者サービスにたずさわるボランティアが顕著に見られるのも特徴となっている(表8.4)。博物館での活動の特徴は展示ガイドが多くなっているが,教育普及事業の補助・企画も多くなっている(表8.5)。

4　社会教育施設ボランティアの課題

(1)　コーディネーターの必要性と学び

　社会教育施設ボランティアに限らず,さまざまな活動を継続的に行っているボランティア団体にしばしばみられるのが,メンバーの固定化,高齢化,特権

表 8.5　博物館のボランティア活動内容別人数

活動内容	展示ガイド	入場者整理・案内，身体障害者の補助	収集（展示）資料の整理，調査研究の補助	各種講座等教育普及事業の補助・企画	環境保全（館内美化等）	広報資料の発行，webの作成・管理	その他
2008 年	701	322	353	598	288	133	324
2011 年	788	401	403	750	355	130	387

化である。2012年に開催された全国ボランティアコーディネーター研究集会の分科会においても「公共空間におけるコーディネーターの役割～私物化，派閥化，高齢化　ボランティアの抱える課題をどう解決したか？」が議論されている（『全国ボランティアコーディネーター研究集会2012報告書～つなげよう参加の力』特定非営利活動法人日本ボランティアコーディネーター協会，2012年，p. 32-33）。この報告書では，課題解決の方策は「step1 意見を集める，step2 ビジョンをつくる，step3 学びあう，step4 実践する，step5 確認する」であり，同時にコーディネーターの配置が不可欠であるという。

　ボランティアを受け入れる体制として，専任のコーディネーターの配置，ボランティアルーム，ボランティアと職員の交流会，職員の意識の向上，施設側からの丁寧な情報提供と共有，ボランティアの継続的な自主学習会，ボランティア間の交流の促進，丁寧な説明会と反省会の実施，ボランティアの自主性の尊重と民主的な運営，質問や意見に対する丁寧な回答とその共有などがあげられる。こうした体制整備と丁寧なコーディネーションがボランティア活動のさまざまな課題を解決するのに貢献している。

　コーディネーションで大切なことは学びあうことであり，確認というふり返りである。組織は，いつも自己学習により革新していかなければ継続することがむずかしい。さまざまな課題が生まれるが社会教育施設の場合には，職員やコーディネーターが働きかけをしながら，施設職員とボランティアが一緒に変化していかなくてはならない。施設によってはこうした組織化をせず，一人ひとりのボランティアを個人として登録する制度のみを設けているところもみら

れる。宇都宮市立の図書館の場合は，書架整理，視聴覚資料点検，図書館利用マナー指導，除草・緑化，翻訳などの活動であり，団体ではなく個人で活動することが前提となっている。

　社会教育施設のボランティア活動の方向性は，組織化，協働へのベクトルがあげられる一方で，前述の宇都宮市立図書館のように人々のもう１つの居場所として，一人でも書物に触れ，配架の活動を行うということによって心が癒され，自己の充実と安定を得ることができるという方向性もある。こうした多様な展開を可能とするのも，社会教育施設のボランティア活動の特質でもある。

（２）　ボランティアの主体性

　前述の「社会教育施設におけるボランティア活動の促進について」では，社会教育施設におけるボランティア活動がボランティア自身の学習活動であるとともに施設に新しい息吹きをもたらすことに注目している。「施設職員とは異なる視点から新しい学習の課題を見つけたり，それへの対応の方向を提案するなど社会教育施設に新たな発展をもたらす独創的な力を発揮すること」が期待されている。さらに「施設と地域の人々とを強く結びつける面」での効果も期待されている。同時に「社会教育施設にボランティアを受け入れるに際しては，施設の人的，物的体制の不備を補完する役割をボランティアに期待してはならない。仮に，そのような考えで施設にボランティアを受け入れた場合には，ボランティアの活動意欲を喪失させ，継続的なボランティア活動がむずかしくなる」と指摘している。このことは，施設職員への戒めであると同時にボランティアに対する戒めである。長期間活動しているとボランティア自身があたかも「職員」であるかのように錯覚してしまい，「職員でない」ことによる「異なる視点」を失ってしまう危険性があるからである。

（３）　事例１—大阪市立自然史博物館「なにわホネホネ団」

　大阪市立自然史博物館「なにわホネホネ団」は，2004年に開設された博物館品質の標本をつくること，そして標本のもつ価値を楽しく伝える活動を行う

ことをモットーに，骨格標本作製からさまざまな自主企画イベントの運営までを手がける博物館のボランティアサークルである。団長，副団長，事務局（学芸員），顧問（学芸員）といった組織の下，多様な年齢・職種の人々で構成されている。小学生からアクティブシニアまで幅広く，東京や福井など大阪府外の団員もいる。入団の条件は，活動の見学を必ず行い，その後入団試験を受け，合格することである。入団試験のポイントは2つ。1つ目は，タヌキ1頭を一人で剥ぎきること。それらに対応できる精神力と忍耐力が求められている。2つ目は，ほかの団員と楽しく作業できるかということ。"骨の折れる"作業を楽しく作業するためには，他者とコミュニケーションを図りつつ，ともに協業できることがホネホネ団員に求められる。現在は，約250名（2013年6月現在）が在籍している。活動の中心は，脊椎動物の標本作製である。月1回の定例会では，冷凍庫に保存された動物を標本にする活動を行う。これによって博物館で収蔵する骨格標本コレクションは約400点から約3000点と大幅に増加しており，海外の研究者がその標本を活用して研究を行うなど，学術研究分野にも貢献している。活動分野は，骨格標本の作製にとどまらず，科学系イベントへの出展やホネホネサミットなどの開催，さらには2011年の東日本大震災以降は，東北地方の博物館などの復興支援活動も積極的に行っている。博物館と協働しつつ，自主的な活動も同時に展開し，結果として博物館活動の充実に貢献している。ボランティア活動の新しい展開である（協力：なにわホネホネ団団長・西澤真樹子氏／取材：高尾戸美，2013年6月）。

（4） 事例2―社会教育施設ボランティア交流会

1987〜2006年，社会教育施設ボランティア交流会（Vnet）がユニークな活動を展開していた。この団体は，社会教育施設（美術館・博物館，図書館，女性センターなど）でのボランティア活動の推進とネットワークづくりを行ってきた。この交流会の仕掛け人であり，終始一貫して牽引してきたのは大久保邦子氏であった。大久保氏は，1977年に開館した「国立婦人教育会館」（現在の国立女性教育会館）の図書室で情報クリッピングのボランティアを始めた。開館

5周年を契機として,情報図書室のボランティア仲間と,図書室にある戦前・戦後の雑誌,新聞切り抜き等すべての資料からボランティアに関する記事を抽出・分析するなど,ボランティア活動に対する学習会を開催するとともに,その理解を促す展示をおこなった。さらに5年後の開館10周年(1987年)には,全国の社会教育施設ボランティア関係者に呼びかけて「社会教育施設ボランティア交流会」を開催した。交流会や発表なども行い,大きな反響を呼び,その後毎年継続して交流会を開催した。そのほか各地で開催されるボランティア研究集会にでかけるなど学習活動を継続し,自分たちの活動の意味を問い直しつづけてきた。1994年以降は,それまでの交流会からより学習機会の要素を強くした「Vnetセミナー」に衣替えし,ボランティア同士の情報交換から行政職員も参加する研究集会となった。会館の20周年を契機として,会館ボランティアから分離独立して事務局を会館から切り離すこととなった。1998年から4年間文科省の委嘱事業を受託し「生涯学習コーディネーター養成講座」を開催している。委託が終えたあとも,自主事業を企画し,「学び合う官と民」「組織に個人はどう向き合うか」「市民参画の仕組みづくり」などをテーマとし,社会教育施設ボランティアから,市民社会の創造へ向けての協働のあり方に向き合い,社会的課題に対応した民間団体による学びの機会を提供してきた。毎回,50～200名程の定員で,2～4泊の規模で開催してきた。同時に編集者の経験のある大久保氏は,毎回仲間とともに丁寧に報告書を刊行し続けてきた。2006年に最後の報告書を刊行して,社会教育施設ボランティア交流会は惜しまれながらも解散した。

　社会教育施設ボランティアとして全国的な活動を継続的に展開した任意団体は,ほかに見られない。一貫して社会教育と社会教育施設そして自己教育にこだわりつづけ,行政や施設職員との関係に向き合い,ボランティアを過剰に賛美したり,あるいは行政や施設批判に終始することなく,よりよい関係づくりの方策を求めつづけてきた。社会教育施設をめぐるさまざまな課題に臆することなく発言し,権威や権力に阿ず,反論より提案をし,そして20冊にも及ぶ報告書を作成しながら自らの活動を丁寧にふりかえってきたことによって,良

質な市民性を担保している。社会教育施設という学びの資源を十分に活用し，ボランティア活動から，セミナーという新しい学びの機会を創りだし，社会を変えていく力を多くの参加者から引き出していった。同時に社会教育施設での「交流会」や「セミナー」の活動を通じて自らの組織の力量を形成してきた。とくに，国立女性教育会館での開催にこだわりつづけたのは，宿泊機能があるからである。電車の時間を気にせず徹底的に話しに耳を傾け，語り合う時間が確保されていた。社会教育施設の機能を十分に生かしたボランティアの例である（大久保邦子氏からの聴き取りによる，2013年6月）。

5　社会教育施設ボランティアの展望—受入から協働へ—

　これまで社会教育施設では，ボランティアの受け入れ体制の整備に力点をおいてきた。施設側から示された活動から始まり，学習活動を媒介してボランティア自身の自主的・主体的活動が展開されるようになってきた。その活動は施設内に閉じ込められることなく，地域や全国的規模の交流の場を創りだすなど，多様な展開をみせている。そして，その中核にあるのは，自らの学びである。

　兵庫県立人と自然の博物館では，1994年にボランティア登録制度が開始されたが，活動の内容はすべてボランティア自身が考えて提案するかたちをとっている。ボランティアコーディネーションは一人の担当者が窓口になるのではなく，職員でワーキンググループを設置して，ボランティアの経験や数などによって担当窓口を柔軟に変化させてきた。その後ボランティアは自ら組織化し，NPO法人「人と自然の会」として発展し，協力協定書を交わして，自主事業や博物館の事業への協力，共催など多様な協働が展開されている（栃木県／とちぎNPO研究会編『創造・協働の森へ　ボランティア・NPOと公共施設の協働ガイドブック』2005年，p.94-97）。前述の事例にみられるように，社会教育施設ボランティアは，それぞれの施設やボランティア自身の考え方によって大きく異なっているが，人手不足を補うといった意識から，ボランティアが組織化を通

じて自主的活動を企画実施し，活動範囲も拡充されてくる。そこから次第に社会教育施設との協働（事業委託や管理委託・指定管理者）の相手としてとらえられる流れも見られるようになった。

しかし，協働といっても第5章で示したような協働の原則の適用は，容易なことではない。少人数で脆弱なボランティア団体と巨大な自治体がどのようにしたら「対等」になれるのであろうか。「相互の特性の尊重」といいつつ，安易に行政の様式や書式をボランティアに押しつけているのではないか。行政にとって都合のよい「市民活動の独創性・先駆性，専門性，柔軟性・機動性」になってはいないのか。ボランティアの善意や意欲が消費され，大きな力に取り込まれてしまう危険性はいつも存在する。協働の関係は，当事者同士（ボランティアと施設職員）の弛まざるコミュニケーションの成果として存在するはずである。丁寧に対話を繰り返し，一緒に汗を流す活動の蓄積が良質な協働の関係を創り出すのではないだろうか。そのためには，行政は時間をかけてボランティアの変化に対応して支援することが大切であり，団体は自分たちの身の丈に応じた持続可能な活動を展開することが必要である。市民の活動はいつも「成長・発展する」わけではない。停滞，衰退，消滅の危機と背中合わせの存在である。受入から協働への転換は企画段階から団体と行政が一緒に考え，学び合う場が創られることで可能となる。その結果が協働の契約を締結し，社会的な責任を分担することに帰結する。

参考文献

筒井のり子他『施設ボランティアコーディネーター』大阪ボランティア協会，1998年
早瀬昇・妻鹿ふみ子編『自治体・公共施設のためのボランティア協働マニュアル』大阪ボランティア協会，2000年
日本社会教育学会編『ボランティア・ネットワーキング―生涯学習と市民社会―』（日本の社会教育第41集）東洋館出版社，1997年

第 9 章
学校教育におけるボランティア学習

本章のキーワード
ボランティア学習 ● 福祉教育 ● シティズンシップ教育 ● サービス・ラーニング

▶▶▶ 教育としてボランティアを学ぶことは，社会とのつながり，自己の社会における役割を認識するのに役立つと考えられる。これからの社会の担い手としての資質を若者に育むことが求められている今日，ボランティア活動と教育カリキュラムとを連携させて学習を進めるボランティア学習が注目されている。このことから，現在，初等・中等教育機関で行われている事例をふまえてボランティア学習の考え方を概説する。

1 ボランティア学習という考え方

　社会や人との関係性を重視するボランティア活動がもつ教育力に着目した「ボランティア学習」は，事前学習・活動・ふり返りのプロセスを繰り返し行なうことで，児童生徒・学生のセルフ＝エスティームやシティズンシップを涵養する学びである。
　「ボランティア学習」とは，イギリスのCSV（Community Service Volunteers）の創始者であるアレック・ディクソンの「ボランティア活動は教育の一部としてなさなければならない」（『世界はいまボランティア学習の時代』JYVA出版部，1987年）という教育理念をもとにイギリスやアメリカにおいて試みられていた「若者たちが活動を通して自発的に学び，主体的に社会参加していく」という

教育活動であるコミュニティ・サービスをもとに，日本青年奉仕協会が示した学習方法である。

日本青年奉仕協会は，ボランティア学習を「学習者がボランティア活動を通してさまざまな社会生活の課題にふれることにより，公共の社会にとって有益な社会的役割と活動を担うことで自発性を育み，無償性を尊び，公共性を身につけ，よりよき社会人としての全人格的な発展を遂げるために行う社会体験学習である」と定義している（與梠寛「ボランティア学習とは何か」JYVA「ボランティア学習ガイドブック」編集委員会『ボランティア学習ガイドブック～地球人になろう～』JYVA出版部，1991年，p.22）。つまり，地域での体験活動を通して「社会の課題にふれ，気づく」「気づきに対する解決策を考える」「解決のために行動する」という自発的な学びのプロセスを通して自己の生き方と社会のあり方を編み上げ，社会へ参画できる若者を育む学習といえる。

2　学校におけるボランティア学習の推進

近年，倫理や責任感の欠如，社会的無関心の傾向をもつ若者たちの増加が問題視されている。それを受け，文部科学省中央教育審議会は，社会生活に関心をもち，変化する社会においても自己を確立し，社会の構成員としての自覚と役割を認識した若者を育むために，「21世紀を展望した我が国の教育の在り方について」（1996年）の答申を発表した。この答申で青少年がこれからの社会で生きていくために必要な力を「生きる力」とした。「生きる力」とは，①自分で課題を見つけ，自ら学び，自ら考え，主体的に判断し，行動しよりよく問題を解決する資質と能力，②自らを律しつつ他人とともに協調し他人を思いやる心や感動する心など豊かな人間性，③これらの資質や能力である「生きる力」を育むことが教育の目標となった。

「生きる力」は，地域社会とかかわりのなかで育まれなければいけない。そのため，地域活動を通して社会や自分の生き方を考える「助け合いのなかで学ぶ」というボランティア学習の考え方が注目され，実践されるようになった。

さらに，1998・1999（平成10・11）年改訂の学習指導要領に「ボランティア活動」が記述されたこと，2000（平成12）年の教育改革国民議会において，「人間性豊かな日本人を育成する」ために，奉仕活動・体験活動の充実およびそのための学校教育法，社会教育法の改正などが掲げられたことを受けて，学校において道徳，特別活動（学級・ホームルーム活動，生徒会活動，学校行事），総合的な学習の時間といった領域のなかにボランティア活動が位置づけられたこともボランティア学習が推進される要因となった。

3　学校におけるボランティア学習の実際

　ボランティア学習は，社会で行われるボランティア活動が教育的な効果をもつという前提のもとで，意図的・組織的に教育の一環としてなされるものである。そのため，学習を進めるにあたり，①社会への関心を高める，②社会のニーズを把握する，③地域ニーズに適合した社会貢献活動を取り入れるなどの配慮が必要である。
　地域との関係性を重視したボランティア学習には，生活・福祉課題を学習教材として地域活動を実践する「福祉教育」がある。また，法教育と地域活動を融合させた「シティズンシップ教育（市民性教育）」，コミュニティ・サービスとカリキュラムとを関連させた「サービス・ラーニング」がある。

（1）　福祉教育

　学童・生徒に幼少者・高齢者・障がい者等との交流体験などの福祉体験活動を推進する目的で，1977（昭和52）年，国庫補助事業による「学童・生徒のボランティア活動普及事業」（「ボランティア協力校」制度）が始まった。これを契機として義務教育・高等学校で幼少者・高齢者・障がい者などとの交流活動が推進されるようになった。さらに，教科，総合的な学習の時間を用いて「みんなが幸せに暮らしていくこと」を考える学習が実践されてきた。現在では，学校での授業として取り組むだけでなく，「福祉委員会」「社会福祉研究部」「ボ

ランティア部」などがつくられ，活動が広がっている。

　福祉教育では，さまざまな生活・福祉課題を学習素材とした学習を進めていく。地域における生活・福祉課題に関心をもち，その解決のために行動するという意識を育て，社会の成員としての役割を担う力を育てることを目標としている。そのため，福祉技術や知識の習得だけでなく，家庭や地域社会との連携をはかり，協力して実践的な活動を進めること。さらに，福祉教育の重要性を家庭や地域社会に広めることが大切となる。

　学校における福祉教育は，「人が人らしく生きていける社会」をめざして，児童生徒が学んだ福祉に関する知識や技術を学校外の社会に進んで活用し，将来にわたって地域福祉を進めていく態度を身につけることを目的に行われている。

　三依中学校（栃木県日光市）では，2007年に「ボランティア協力校」として指定されたことから，総合的な学習の時間に地域の高齢者との交流，地域の伝統や文化の伝承，地域の活性化をはかることを目的として学習している。内容は，①「山のものなんでもござる祭り」で地域の人たちから指導を受けながら習得した「獅子舞」の演技，②地域の高齢者から昔の遊びを教わりながらの交流活動，③特別支援学校との連携による近隣のファミリースキー場での雪遊びやそり遊び，合唱，手づくりの贈り物の交換などの交流活動，④「郷土」についての学習を通した「三依の活性化」についてのアイデアの考案と町への提案（3年生中心）である。これらの学習により，自分の生活地域である三依地区への愛着，地域への探究心が生まれている。

　また，ボランティア部として活動している作新学院高等学校（栃木県宇都宮市）では，宇都宮市の社会福祉協議会と協力して，毎年12月に市内の一人暮らしの高齢者宅や高齢者施設を訪問し，窓ふきを行っている。高齢者疑似体験の学習で，高いところの窓や換気扇の掃除，電球の交換がたいへんだと知った部員が，社会福祉協議会に相談し，民生委員の協力を得て活動を始めた。今では，「窓ふき隊」として，部員以外の生徒，文化部，運動部の生徒など，100余名の生徒が参加する活動となっている。また，東日本大震災後，宮城県の

七ヶ浜町にある仮設生活支援住宅でも 50 余名の生徒が参加し，窓ふきを通した交流を行っている。

このように，福祉教育は，身近な生活・福祉課題を教材として知識や技術の習得・体験活動だけでなく，①自分がくらす地域について知る，②地域には多様な人々が存在し，支えあって生きていかなければならないことを知る（共生），③地域や多様な人（他者）を理解する，そして④自分自身についても深く見つめ，自己を確立する（自己覚知）ことを学ぶ機会となっている。

（2） シティズンシップ教育（市民性教育）

イギリスでは，「シティズンシップについての諮問委員会最終答申（1998 年 9 月）」を受け，2002 年に中等教育の必修カリキュラムに導入された。シティズンシップ教育は，変化する現代社会において，子どもたちが将来，市民としての十分な役割を果たせるように，学校教育で導入された。その背景には，若者の就業意識の低下，投票率の低下をはじめとする政治的無関心が深刻化してきたためである。そのため，これからの民主主義社会を担う世代に，社会的責任，法の遵守，地域やより広い社会とかかわることを意図的・組織的に学習させる機会が必要となり，導入された。

求められる市民としての資質についてイギリスの職業資格・カリキュラム開発機関は，①地域社会に関心を払い社会へ貢献すること，②責任ある社会的行動をとること，③民主主義の制度・問題・実践を学び，国や社会生活のなかでそれらを効果的に運用すること（日本ボランティア学習協会「英国の市民教育」2000 年 3 月，p.18）をあげている。これをもとに法や制度や社会のしくみなど，市民がとして必要な素養を受動的に学ぶだけではなく，それをもとに考え，行動することを通して「参加のスキル」を高め，参加型民主主義を構築する行動的な市民となることをめざしている。

この教育では，「何を学ぶか」より「どのように学ぶか」ということに重点をおいている。そのため，学習を進めるにあたり，児童生徒が自らが設定したテーマを自分たちの問題として受け止め，主体的，共同的に取り組むようなプ

ログラムが求められている。

　わが国でも，社会への無関心から投票率の低下へとつながり，民主主義の存続への危惧感があった。そのことから，学校教育で社会科の一分野として学習が行われている民主主義，法，社会組織の構造などの知識をもとに社会のために実際に行動し，問題を解決する実践的な学習としてシティズンシップ教育が導入された。

　神奈川県では，2011年度からすべての県立高等学校で，生徒一人ひとりが将来の基盤を築き，自立できるようにすることを目的として行われていたキャリア教育の内容を拡大し，①政治参加教育，②司法参加教育，③消費者教育，④道徳教育に取り組んでいる。この教育は，「現代社会」「政治経済」「ホームルーム」「総合的な学習の時間」の教科，時間を用いて実施されており，問題解決型，体験・参加型の授業形態をとっている。湘南台高等学校では，1年生で「模擬議会」をテーマ学習で行い，政治参加への興味・関心を高め，重要性を確認する政治参加教育や，3年生では「裁判所」をテーマに「模擬裁判」のロールプレイを通して司法や裁判員制度について，さらに司法参加の重要性を認識し，積極的に司法に参加する意欲と態度の育成を図る司法参加教育が行われている。また，相模原高等学校では賢い消費者としての行動のあり方を考えるために「消費者とフェアトレード」をテーマに消費者教育を行っている。相模田名高等学校では「モラルとマナー」をテーマに道徳教育を行っている（牛島操「高等学校　かながわのシティズンシップ教育に係る研究」『神奈川県立総合教育センター研究集録』31，2012年，pp.35-40）。

　また，東京都品川区では，区内の小学校に学校設定科目として，道徳，特別活動（学級・ホームルーム活動，生徒会活動，学校行事），総合的な学習の時間を統合して「市民科」を設置した。この科目は，各教科の理念は大切にしつつ，より実学的な内容を盛り込んだ単元学習である。教育を通して児童生徒の人格形成，生活指導上のさまざまな課題（不登校，いじめ，学級の荒れなど）が改善されるとともに，教養豊かで品格のある人間を育てることをめざし，児童生徒一人ひとりが自らのあり方や生き方を自覚し，生きる筋道を見つけながら自ら

の人生観を構築するための基礎となる資質や能力を育むことをねらいとしている (http://www.city.shinagawa.tokyo.jp)。

　これらの教育では，社会についてさまざまな視点から物事をとらえ，考えを深め，課題解決のために行動できるかを自らが見いだすことができるように支援している。つまり，社会の一員としての役割を遂行できる資質・能力とともに，確固たる自分をもち，自らを社会的に有為な存在として意識する「市民性」を育てることがねらいである。

（3）　サービス・ラーニング

　「サービス・ラーニング」は，コミュニティのニーズをもとに，カリキュラムと関連したサービス活動を行う社会貢献型の体験学習である。この学習は，経験をもとにした学びに着目し，地域社会での実践を重視している。知識を実践とつなげ，その活動をふり返ることにより理解を深めていく手法をとり，学習効果の向上をめざしている。

　サービス・ラーニングでは「市民的責任を育てること」を援助するもので，その方法は特定化されていない。1980年代後半から現在にいたるまで，アメリカを中心として初等・中等・高等教育機関で実践されてきた。アメリカにおけるサービス・ラーニングは，市場経済の拡大とともに個人主義化傾向が進み国としてのまとまりの喪失感，それに対する危機意識が生まれたことにより，地域や社会，人との関係性を高め，相互扶助による結びつきを高めることを目的として取り入れられた。そのため，①地域のニーズを満たした課題解決をめざすこと，②地域での活動を教科学習に取り込むこと，③生徒が自ら考えふり返る時間・機会をもつこと，④クラスや学校の枠組みを越え地域と連動した学習の展開があること，⑤他者を思いやりいたわる感性を養うことがこの学習に求められる。また，より効果的に学習させるためには，コミュニケーションのルールを各自が認識し，ともに働く人々を尊重する姿勢をもち学習を進めさせることが大切である。

　日本におけるサービス・ラーニングは，文部科学省が若者に必要な「生きる

力」を育む方策として取り入れられた総合的な学習の時間の導入に伴い，その時間の学習法として紹介されて学校現場に広まった。そのため，アメリカでは「市民性の育成」という社会性に重点がおかれているが，日本では個人としての「生きる力」に重点がおかれている。学校では，①教科のカリキュラムと関連させて実施する，②地域体験活動を実施する，③課題解決型学習である，という前提に立ち，地域に対する貢献活動を通して，児童生徒たちがそれらの体験を省察し（ふり返り），アカデミックな教科の内容と連関させながら市民性を培っていく学習プロセスとして導入されている。いっぽうで，生きること（生活）と学習の関係性を重視するとともに，市民として地域に積極的にかかわり，地域に貢献をするねらいをもっている（中留武昭「学校と地域を結ぶサービス・ラーニングの実践」『教職研修』2000 年 10 月号）。

　例えば，真岡工業高等学校（栃木県真岡市）では，「ものづくりを通した地域貢献」を目標に，真岡地域の高齢者世帯や公民館，福祉施設等を対象に，工業高校で学んでいる技術・技能を生かし，電気器具の修理，階段や入り口に手すりをつけるなどの活動を行っている。同校の「真心工房」では，2007 年度に建築科，2011 年からは機械系学科や電子科の生徒も活動に取り組むようになり，学校全体で地域のニーズに応えられるようになってきた。また，新宿山吹高等学校（東京都）「猫部」では，都立高校設定科目である「奉仕」で，飼い主のいない猫についての問題を学習したことから，行政と協力して「飼い主のいない猫（地域猫）」との共生モデルプランを推進する活動を行っている。「猫部」は，①文化祭やバザーで物品を販売して猫の避妊手術の費用を集める，②猫トイレを作成して設置する，③地域猫についての理解と地域の人たちに協力を得るために「猫新聞」を発行する，④猫の新しい飼い主を捜すなど，地域の実情にあわせたルールをつくり，住民の合意のもとに，猫と共存していくためのよりよい方法を考えていく取り組みを行っている。

　このように，教科として学んだ知識や技術を地域の課題解決に役立てることで，地域活動を支える人たちとの結びつきの大切さを理解し，地域の一員としての意識を高めることができる。

(4) ボランティア学習の考え方とその方法

「ボランティア学習」という語は，一義的ではない。いろいろな場面で，いろいろな「思い」を込めて，いろいろな意味合いで用いられている。しかし，ボランティア学習を基軸とした教育では，①社会問題の理解，②学習成果の応用，③自己への探求により，ともに生きる社会を実現するために若者に対して地域での生活力，実践力，自治力を育むことが目的である点では，共通している（表9.1）。

表9.1 ボランティア学習の方法と考え方の比較

	福祉教育	シティズンシップ教育	サービス・ラーニング
導入背景	人間性の信頼回復と相互扶助精神を高めるのに社会福祉教育を実施することが効果的であることから。	若者の就業意識，投票率の低下による政治的無関心の深刻化。	個人主義化の進行による地域関係性の欠落の危機意識の高まり。
基本理念	高齢者・障がい者（児）に対する偏見をなくし，将来にわたって地域福祉を進めていく態度を身につける。	将来，市民としての十分な役割を果たせるようにする。	学習した知識を実践とつなげ地域に貢献をする。
特徴	さまざまな生活課題を学習素材として地域の福祉課題を解決する力を身につける。	民主主義，法，社会組織の構造などの知識をもとに社会のために行動できる市民を育む。	コミュニティのニーズをもとに教科のカリキュラムと関連させた地域活動を行う。
教育目標	地域の生活・福祉課題の解決のため，「みんなが幸せに暮らしていく」ことを考えながら行動できる地域福祉の担い手を育成する。	社会の一員としての役割を遂行できる資質・能力とともに，社会的に有為な存在としての意識をもち，生きていく「市民性」を育てる。	地域や社会，人との関係性を高め，地域ニーズの発見と社会貢献活動を通した相互扶助による結びつきを高める。
学習内容	福祉に関する知識を学び，①自分がくらす地域について知る，②多様な人々が暮らしており，支えあって生きていくことを知る，③地域や多様な人を理解する，④自分についても深く考え，自己を確立する。	法や制度や社会のしくみなど，市民が身につけておくべき知識を学び，考え，実践を通して「参加のスキル」を高め，参加型民主主義を構築する行動的な市民となることをめざす。	教科で学んだ知識・技術を生かし，奉仕活動・地域貢献活動を通してコミュニケーションのルールやともに働く人々を尊重する姿勢を育て，他者を思いやり，いたわる感性を養う。
留意点	知識・技能の習得に終わらせず，家庭や地域社会との連携，協力をはかり実践的な活動を進める。	「どのように学ぶか」に視点をおく。学習活動は，児童生徒がテーマを自分たちの問題として受け止め，主体的，共同的に取り組むプログラムとする。	①地域のニーズを満たした課題解決をめざす。②地域での活動を教科学習に取り込む。③クラスや学校の枠組みを越え，地域と連動した学習を展開させる。

4　ボランティア学習の課題

　授業において「ボランティア活動の原則」を教えられても，教えられたことがすぐに実行できるわけではない。その場に対応できるようにするためには，さまざまな状況設定にもとづいたシミュレーションの訓練が必要である。行為（体験）だけでは，状況設定が異なると応用できなくなるため，知識教育と体験学習の適切な組み合わせ，体系的な知識を学習することも必要である。

　活動を通して地域の人たちや生活課題との出会い，関係性を深めていく経験ができる場である地域は，児童生徒にとって身近な学びの場である必要がある。また，活動を自己の生き方に反映できるふり返りの機会と時間の保障が必要不可欠である。そのため，教員は学習を進めるにあたり，学習内容や活動が，①地域の人々などとの出会いを通して学校では経験できない感動体験の機会となっているか，②学校での学習を生かした探究的・問題解決的な豊かな学びの場となっているか，③自主的・実践的な活動を生かした連帯感を深める集団活動の場となっているか，④社会的自立へのステップとなっているかということの確認が必要である。

　新学習指導要領（小学校2011年4月〜，中学校2012年4月〜，高等学校2013年度入学生から実施）では，社会に参画できる市民を育てることがこれからの教育では重要であるとしており，教室で習得した知識・技能を地域で実際に活用する機会をつくることが学校現場で求められている。品川区の市民科の学習では「教師が指導力を発揮して自分の人生を自分の責任でしっかりと生きていく力と世間，世の中でしっかりと生きていく力の両方をバランスよく身に付けさせる必要がある」と教員の指導力が重要であるとしている。このことから，学習の推進には，指導者の考え，指導力が教育の質に影響を与え，子どもたちの学習の深化にかかわっていくと考えられる。しかし，①プログラムを作成・指導・評価できる教員が少ないこと，②ボランティア学習に対する地域での認知度が低いこと，③活動の評価をすることに対するマイナスイメージが根強いこと，④実践的活動を通した学力の定義・育成のとらえ方が各機関で違いがあ

ることなどの課題がある。

　これらの課題解決には，教員は①社会（地域）の状況や課題・ニーズの調査と把握，②ニーズへの対応（企画・実践・報告・提言など），③多様な教科・科目のスキル利用，④取り組み全般に対する各種観点による評価と指導ができるよう，総合的な知識や技術などが求められている。そのため，教員，自らがボランティア活動や社会貢献活動に参加し，その経験をもとに社会との関係性を深め，探究していく姿勢と，地域と学校との相互関係を深めていくことが求められる。

～～～～～

　東日本大震災後，若者のボランティア活動への関心は高くなった。しかし，活動を個人的な満足で終わらせてしまわないように，ボランティア活動は社会的な役割を果たしているという意識と，社会を変革するための学びの場であるという意識が学習者，指導者双方に求められている。ボランティア学習は，学習者が地域社会や人々との関係性について学ぶだけでなく，地域での活動を支援する人たちにも社会との関係性を深める場と機会となる。

　ボランティア学習は，若者を「傍観者から活動的な参加者へ，役に立たないという意識をもつ引っ込み思案な人から社会のあり方について考えていこうという意識をもつ人へ」と役割を変化させる。授業を通して身のまわりのことに気づくようになり，社会の一員であると自覚がもてるように育てること，地域活動と教科学習を通して「助け合いのなかで学ぶ」ことで，よりよい地域社会をつくりだすことに参画できる人材を育むことが，教育としてボランティア学習を行うことの意義である。

参考文献
長沼豊・大久保正弘編著／バーナード・クリック他著／鈴木崇弘・由井一成訳『社会を変える教育　Citizenship Education ―英国のシティズンシップ教育とクリック・レポートから―』キーステージ21，2012年
バーナード・クリック／関口正司監訳『シティズンシップ教育論　政治哲学と市民』法政大学出版局，2011年
長沼豊『市民教育とは何か　ボランティア学習がひらく』ひつじ書房，2003年

第10章
若者の「自立」とボランティア活動

本章のキーワード
青少年施設 ● サービス・ラーニング ● インターンシップ ● 正統的周辺参加 世代間交流 ●「居場所」

▶▶▶ 今日，子どもや若者の生活体験の貧困化が指摘され，さまざまな体験活動や経験の機会がつくられている。若者の「自立支援」施策はともすると就労をゴールに据えがちであるが，就労とそれ以外の経験の豊富化はまったくの別物ではなく，相互に関連しあっている。単に経済活動への参加のみをめざすのではなく，どのように社会や周囲の人々とかかわり，関係を形成し，影響を与えていくかということを軸に据えて「自立」をとらえなければなるまい。そこで，本章では，経済的自立のみにとらわれるのではなく，若者の市民的自立や精神的自立を支える取り組みとしてのボランティア活動を検討していくこととする。

1 若者の「自立」をめぐる変化

（1） 後期近代における若者の「自立」の困難

バブルが崩壊した1990年代以降，日本の社会で起こっている構造的な変化のしわよせは，とくに若者に集中してあらわれており，2000年代に入ってから若者の「自立」は社会的課題となっている。

だが，「自立」とは何かということをあらためて考えてみると，「自立」をとらえる軸は必ずしも明確ではない。一般的には，経済的独立と家族形成が「自立」達成のメルクマールとされ，そのなかでもとくに経済的独立が重視される

傾向があるが,「自立」は論者によって経済的側面,社会的側面,身体的側面,精神的側面などがいりまじりながら論じられているのが実状である。

　国民国家と工業社会という近代の社会システムが変容した後期近代の「リスク社会」において「個人化」が進行するなかでは,個人の成功や失敗は,社会問題や社会構造に基因するものとしてよりもむしろ,個人の自己責任の問題とされる傾向にある（U.ベック,A.ギデンズ&S.ラッシュ／松尾精文・小幡正敏・叶堂隆三訳『再帰的近代化』而立書房,1997年）。実際,若者の「自立」達成への対処法としては,より有利な学歴（学校歴）や資格の取得などによって,個人が社会から求められる能力を身につけていく方法が支配的である。しかし,そのような方法によって「自立」の達成をめざすのみで本当によいのか,また「自立」は経済的自立のみに収斂されるのかといえばそうではあるまい。

　社会やコミュニティとのつながりが希薄化するなかで育つ現代の子ども・若者にとって,個人の能力を高めることによって「自立」を達成しようとするは,しばしばゼロサムゲームの様相を呈し,他者とのつながりを断ち切り自分だけは「自立」を達成しようとする意識をつくったり,自分の考える「自立」がかなわなかったときに孤立してしまう危うさと隣り合わせである。他者や社会とつながりを形成していくなかで「自立」をどう達成していくかをこそ考えなければいけないのではないだろうか。

（2）「自立」と「一人前」―現代的「一人前」をめざして

　子どもから大人への移行を完了した状態をあらわす言葉としては,「自立」とともに「一人前」という言葉があるが,前者がどちらかというとより観念的・抽象的に用いられるのに対して,後者は特定の社会におけるより具体的な状態をさしている。例えば,農耕社会においては,運ぶことのできる米俵の重さや一日に田植えをできる面積などを目安にして「一人前」の基準が設定され,それを目安にしながら,村の大人たちは社会でのモラルや振る舞い方も同時に伝え子どもや若者を「一人前」へと育て上げていった。

　生活共同体としての地域社会が失われる現在においては,「一人前」を規定

することは困難になり，「自立」イメージが拡散していくのも致し方ないことかもしれない。しかし，だからこそ現代において期待される「一人前」像を措定しなおし，若者の「自立」を支えるためのしくみを考えていくことがあらためて求められるのではないだろうか。

柴野昌山は，現代において期待される「一人前」として，図10.1のように発達的自立，経済的自立とともに市民的自立をとげることを通じて精神的自立を獲得していく道筋を示している（「『一人前』の若者をどう育てるか」柴野昌山編『青少年・若者の自立支援』世界思想社，2009年，p.185）。つまり，「自立」のもつさまざまな側面を統合させていくことが現代的「一人前」ということになろうが，それはかつての「一人前」と同様に具体的な経験や体験を通じて実現されていくといえよう。

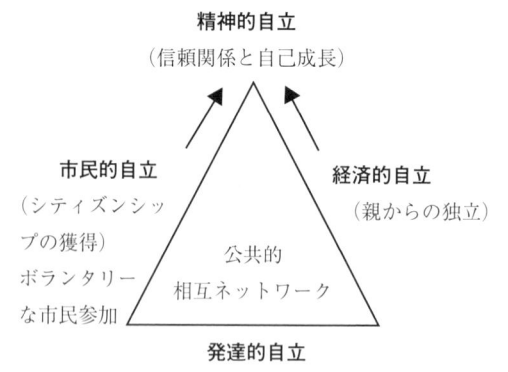

図10.1 人間的一人前のメカニズム
出所：柴野昌山「『一人前』の若者をどう育てるか」柴野昌山編『青少年・若者の自立支援』世界思想社，2009年，p.185

2　青少年施設における若者の社会参加とボランティア活動

（1）新たな子ども・若者の課題に対応する青少年施設の登場

1980年代になると，子ども・若者の「集団離れ」やさまざまな経験・体験機会の貧困化，中高校生の学校外の「居場所」のなさが新たな社会的課題として浮かび上がる一方で，それまで戦後の課題としてあげられてきた農村青年や都市に流入した勤労青年への対応といった課題は後景に退いていった。

新たな課題に対応しようと1990年代以降，東京都杉並区の「ゆう杉並」

(1997年～)、岩手県奥州市水沢区「ホワイトキャンバス」(1999年～)、町田市「ばあん」(1999年～)、横浜市の「横浜市青少年交流センター(通称ふりーふらっと野毛山)」(2002年～)、武蔵野市「ひと・まち・情報 創造館 武蔵野プレイス」(2011年～)といった青少年施設が都市部を中心に各地で設置されてきている。

(2)「横浜市青少年交流センター」における子ども・若者の参加とボランティア活動

それでは、青少年施設が果たしている機能について、「横浜市青少年交流センター(以下、ふりーふらっと)」を例にあげてみてみよう。ふりーふらっとは、建物1階にロビーと職員のいる受付が設置されており、職員が来館した子ども・若者の様子をさりげなく知り、彼らとかかわりをもちやすいようになっている。ふらっと来館して個人や集団を問わずロビーで自由に過ごす子ども・若者もいれば、音楽スタジオや自習室の利用など特定の目的をもって来館する子ども・若者もおり、それぞれの子ども・若者が利用しやすいかたちで施設を利用することができる空間デザインと職員のかかわりが存在している。

ふりーふらっとでは、施設を利用する青少年による「青少年委員会」を設置することで、毎月の定例会によって日常的な施設管理・運営に青少年の意見や思いを反映させるとともに、青少年がイベントの企画・運営にたずさわることを通じて彼らの自主的な活動や交流の機会や社会参加のきっかけをつくっている。例えば、毎年12月に「青少年委員会」は「かどもっちぃ～」というイベントを実施しており、そこでクリスマスクラフトづくり、餅つき、ミニ門松づくりをしている。職員や若者や大人のボランティアと協力しながら、青少年委員は小学生から大人まで多世代にわたる世代間交流の場をつくりだしている。

そのほか、ダンスや音楽のライブやお祭りなどのイベントを実施するときには、音楽スタジオや貸し部屋の利用を目的としていた子ども・若者に出演・協力の声かけをし、ボランティアを募ることによって、子ども・若者自身の当初の目的を超えた社会参加のきっかけをつくっており、これらのイベントが結果

的に年齢や地域を越えた交流・出会いの場となっている。

　また，ふりーふらっとでは「夏期青年ボランティア」を実施することによって，日常的にはふりーふらっとを利用していない若者に対しても，青少年活動センターという特徴をいかしたボランティア養成を行っている。「夏期青年ボランティア」では，事前準備と当日の活動，事後のふり返りをセットにして行うことによって，ボランティア活動をやりっぱなしにすることなく，そこでの経験を気づきへとつないでいくしくみをつくっている。この手法は，「青少年委員会」でもいかされており，定例会での事前準備とイベントの実施に加え，いくつかのイベントを企画したり，複数年度にわたって青少年委員になることで前回の成果や反省をいかしたイベントづくりがなされている。

　余談ではあるが，ふりーふらっとを訪れるたびにロビーで高校生や大学生の若者になつき，じゃれついている小学生の子どもの姿が印象に残る。気軽に訪れることのできる施設があり，そこへ来館してきた子ども・若者や職員のかかわりが生まれることによって，自然なかたちで異年齢交流・世代間交流が実現しているのである。

（3）　青少年施設の特徴とボランティア活動

　ふりーふらっとの例からみえてくる，子ども・若者の姿はふりーふらっとに限定されるものではなく，多少の違いはありながらも，中高生や若者を対象とした青少年施設に共通のものである。つまり，それらの施設は，①子ども・若者の「居場所」づくりを企図している，②施設運営に子ども・若者の参加を位置づけている，③事業やイベントを実施に際してボランティア・企画者・参加者などさまざまな参加の仕方が可能なしくみがつくられている，④子ども・若者を多様な他者や出来事とつなげていく意識的な働きかけをする職員（ユースワーカー）が存在しているといった特徴をもちながら，子ども・若者の学校外の学びや体験の場となっているのである。

　また，「ボランティア」の幅と自由度の高さも青少年施設における特徴の1つである。「夏期青年ボランティア」は若者にとっても受け入れ側にとっても

ボランティアとしての位置づけが明確であるのに対して,「青少年委員会」は青少年委員にとっては必ずしもボランティアとしては認識されていないだろう。施設運営への自発的／ボランタリーな参加という点では「ボランティア」となるのだが,日常的に施設を利用している彼らにとって青少年委員になることは,「居場所」である自分たちの施設をより快適にし,やりたいことを実現していくための手段であり,それが結果的にボランティアのような活動になっているのだ。イベントへのボランティアとしての参加は,若者自身が希望する場合もあれば,職員と若者の日常的な関係性から得られた個々の若者の興味や関心にもとづいたかたちでコーディネートされる場合もあるが,多様なイベントや事業が実施されていることによって個々の若者の関心に沿ったイベントへのボランティアとしての参加が可能になっている。

　青少年施設においては,「ボランティア」と銘打って組織化された活動だけでなく,子ども・若者の意見や思いに寄り添いながらさまざまな工夫をこらすことによって,随所にボランティアのきっかけが存在しているのである。

3　高等教育機関における教育と体験活動

(1)　高等教育機関における教育活動と体験活動の接続への期待

　前節では青少年施設における多様なかたちでのボランティア活動のあり方を紹介したが,この節では大学などの高等教育機関におけるボランティア活動などの体験活動の動向についてみていこう。

　大学進学率が5割を超えユニバーサル段階に入っている現在の日本では,高等教育機関に求められる役割も変化している。そのため,「学生が主体的な学修の体験を重ね,生涯にわたって学び続ける力を習得」できるような教育方法の転換が求められており,「インターンシップやサービス・ラーニング,留学体験といった教室外学修プログラムの提供」が一例としてあげられている（中教審答申「新たな未来を築くための大学教育の質的転換に向けて」2012年8月）。

　2002年7月に出された中教審答申「青少年の奉仕活動・体験活動の推進方

策等について」でも「大学，短期大学，高等専門学校，専門学校などにおいては，学生が行うボランティア活動等を積極的に奨励するため，正規の教育活動として，ボランティア講座やサービスラーニング科目，NPOに関する専門科目等の開設やインターンシップを含め学生の自主的なボランティア活動等の単位認定等を積極的に進めることが適当である」と示されている。

　教育機関におけるボランティア活動の推進は，ともすれば奉仕活動の強制や国家による道徳的価値の刷り込みという危うさをもつ。その一方で，具体的な体験と専門的な学習が結びつけられることは，専門科目の学習への動機づけを高め，学生のキャリア形成や認知発達の深化に寄与する可能性をもっている。高等教育機関においてどのようにボランティア活動などの体験活動を教育活動に位置づけていくかは，高等教育機関に対する今日的期待に応えていくための重要な課題となっている。

（2）　サービス・ラーニングとインターンシップ

　高等教育における専門科目や学生のキャリア形成と具体的体験とを結びつける動きの1つとして，サービス・ラーニングとインターンシップをあげることができる。

　サービス・ラーニングとは，第9章で詳述されているように，1960年代からアメリカで導入された，体験的学習とコミュニティサービスを結びつけて行われる教育活動である。インターンシップは学生が在学中に自らの専門分野の学習と将来のキャリアと関連した就業体験を行うもので，インターンシップの実施先は企業，NPO・NGO，行政と多岐にわたっている。インターンシップが主に若者自身の進路選択やキャリア形成に重点をおいているのに対し，サービス・ラーニングは「地域社会に対するサービスと，その経験によって支えられている学業上の科目との関連の両方を併せもつ」ものであり，学生が自身のキャリアや専門性への認識を深めつつ，市民性（citizenship）を獲得していくプロセスをつくりだすと同時に，地域社会をよりよいものにしていくことにも重点がおかれている点で違いがある（マージット・ワッツ「サービスラーニング」

サラ・コナリー＆マージット・ワッツ／山田一隆・井上泰夫訳『関係性の学び方』晃洋書房，2010年，pp.93-98）。

（3） サービス・ラーニングのもつ可能性と課題

　サービス・ラーニングは，単なる地域社会への奉仕にとどまるものではなく，明確な問題意識のもとに，課題設定がなされ，その課題についての学習を行ったうえで，サービス活動が行われていく。サービス活動をすることがゴールではなく，その活動についてのふり返りに力点がおかれている点が教育活動としてのサービス・ラーニングの大きな特徴である。活動の前後に学習活動とふり返りがはさまれることによって，教育的行為としての枠組みが形成され，とくに大学におけるサービス・ラーニングでは，大学教育で得られる専門知識をサービス活動に応用して活動が行われることにより，学習効果も教育的意義も高いものとなりうる（村上むつ子「『ボランティア学習』と『サービス・ラーニング』」西尾隆編『サービス・ラーニングへの誘い』国際基督教大学サービス・ラーニング・センター，2007年）。

　日本の大学では，国際基督教大学，立命館大学，湘南工科大学，龍谷大学などでサービス・ラーニングへの取り組みが進められており，実習・演習系の科目で導入される傾向がある。サービス・ラーニングの学習成果や成績評価の測定については十分に定まっているとはいえず，現時点では試行的段階であり，社会貢献活動やボランティア学習の蓄積に一日の長があるといえよう。

　サービス・ラーニングは，専門教育と実践とをつなぐ教育手段として有効であるだけでなく，理論と実践を結合させ，批判的視点を養い社会変革の手段ともなりうる。その一方で，学校教育の制度のなかで進められるサービス・ラーニングでは，地域での活動を学校化してしまうことが危惧される。市民性教育（citizenship education）の一手法として，若者のコミュニティや政治に対する関心や自己効力感を高め，市民としてコミュニティに積極的・活動的にかかわる姿勢を培うサービス・ラーニングのあり方についての検討が求められる。

4　若者の社会参加とボランティア活動の方向性

　ここまで青少年施設や高等教育機関における体験活動について検討してきたが，ボランティア活動などの体験活動を通じた若者の社会参加と「自立」への歩みを進めていくためには3つのポイントがあるといえる。

　第一に，正統的周辺参加が可能な環境醸成をして，若者の体験活動への参加の機会を多様に用意することである。正統的周辺参加とは，ある実践共同体のなかで活動に直接かかわっていくなかで，新参者が実践の文化を学び，徐々に実践のより中心的側面にかかわるようになり，十全的参加へと移行していくプロセスのことである（ジーン・レイヴ＆エティエンヌ・ウェンガー／佐伯胖訳『状況に埋め込まれた学習』産業図書，1993年，p.11）。正統的周辺参加は若者のレディネスや関心にもとづいた学びを支えるものであり，地域での若者の活動への参加はまさに正統的周辺参加といえる。そのためには，「ボランティア」と銘うたれた活動やインターンシップ，サービス・ラーニングなどの制度化された活動のみならず，若者の社会参加の場所や機会を随所に位置づけることが求められるだろう。そして若者の体験活動をデザインする際には，活動を通じて学習し，自ら選択しながら，活動への参加の質を深めていけるような環境醸成が重要だろう。

　第二に，事前学習・活動の実施・ふり返りによって活動を通じて学んだことを意識化していくサイクルを位置づけることが重要だ。このサイクルは，とくにサービス・ラーニングのなかで重点的に位置づけられているものであるが，活動を通じての学びをより大きく，深いものにしていくためには，単に活動に参加するだけでは十分ではなく，事前学習や準備により知識や留意点をもったうえで活動に臨み，事後のふり返りによる学習内容や気づきの意識化していくことが求められる。人間は無意図的な機会のなかで不定型にさまざまなことを学んでいるが，せっかく施設職員や教員のかかわりのもとにある程度意識的・目的的な活動に参加するのであれば，その学びをより深められるしくみがあったほうがよいだろう。

そして，第三に，個人の成長と社会変革の一体的追求である。ボランティア活動などの体験活動への参加は，新たな体験によって視野を広げ，専門的知識と実践とを結びつけるなかから専門職への準備やキャリア形成への示唆を得ることを可能にして，若者が経験を積み成長するよい機会となる。同時に，若者が市民性を培い，コミュニティやより広い社会に積極的にコミットすることによって，社会変革へとつなげていく可能性を広げる機会ともなりうる。組織化された体験の機会は，若者を現在の社会秩序に順応し適合的な人間を育てることに収斂させることなく，若者の市民性を向上させ，あらゆる人が生きやすい社会を形成できるよう，コミュニティや社会における問題を解決していくものとしてデザインすることが必要であろう。

　これらの点に留意しながら，学校内外における若者の体験を豊かにし，若者の「自立」を社会で支えていくことが求められているといえよう。

参考文献
田中治彦・萩原建次郎編『若者の居場所と参加―ユースワークが築く新たな社会―』東洋館出版社，2012年
桜井政成・津止正敏編著『ボランティア教育の新地平―サービスラーニングの原理と実践―』ミネルヴァ書房，2009年
長沼豊『市民教育とは何か―ボランティア学習がひらく―』ひつじ書房，2003年

第11章
企業の社会貢献活動と社員のボランティア活動

本章のキーワード
社会的企業 ● 社会貢献活動 ● 企業の社会的責任（CSR）● 持続可能性
企業メセナ ● 産学官連携

▶▶▶ 本章では、企業が社会的責任の一環として展開する社会貢献活動や、社員のボランティア活動について紹介し、その展望や課題を、具体的な事例にもとづいて考察する。本章をとおして、企業と社会との関係、企業と個人との関係について考察し、社会人として働くことやボランティア活動をする意味について考えるきっかけにしてほしい。

具体的には、次のようなことを考えてみよう。企業の社会的責任とは何か。企業では、なぜ社会貢献活動や社員のボランティア活動を推進するのか。社会貢献活動の特徴は何か。

1 企業とボランティア

生産や営利を目的にし、継続的に事業を営む経済主体を企業という。企業には多様な形態がある。今日では、社会的課題の解決を使命とし、ビジネス手法で事業を展開する「社会的企業」の起業が著しい。ゆえに、一般的な企業を社会的企業と区別し、「営利企業」ということもある。

「営利企業」ともいわれる企業と、自発性・公共性（公益性）・無償性（無報酬性）を原則とするボランティア活動では、イメージが結びつかないかもしれないが、企業においても多様なボランティア活動が展開されている。例えば、

甚大な被害を及ぼした東日本大震災（2011年3月11日）の際に，仕事を休み，被災地のガレキ撤去に力を尽くした会社員は少なくない。また企業としても，小売業が募金を呼びかけたり，製造業が自社の製品を提供したり，運輸業が救援物資を運んだりしていた。企業や団体などの経済界としての被災者・被災地支援活動は多岐にわたり，表11.1のとおりである。日ごろから，企業でもさまざまな社会貢献活動を展開し，社員のボランティア活動を推進してきたので，大震災の際にも迅速な対応ができたのではないだろうか。

表11.1　東日本大震災における被災者・被災地支援活動

支援活動	具体的な内容
資金の提供	・寄付　⇒　義援金，支援金，助成金，奨学金など 　　　　　　単純寄付，売上等に連動した寄付，ポイント募金， 　　　　　　チャリティ・イベント，従業員募金，マッチング寄付など
物品の提供	・自社製品の提供 ・市場からの購入　　⇒　・被災者向け ・社内備蓄品の提供　　　・自治体向け ・社員の持ちより　　　　・NPO/NGO向け 　　　　　　　　　　　　・被災事業者向け
人材・サービス・ ノウハウの提供	・本業に関連する支援活動 　　　　自社製品の配布・活用によるサービスの提供 　　　　自社のサービス・専門スキルの提供 　　　　専門人材の提供 ・本業以外の支援活動 　　　　社員のボランティア活動 　　　　　社員による企画・実施プログラム 　　　　　他組織が企画したプログラムへの参加 　　　　ボランティア休暇制度の新設／拡充や促進
その他	・購買活動（社員食堂で被災地の食材を使うなど） ・施設提供（社有地・厚生施設等の提供） ・本業の事業活動（本業の促進や，雇用の促進など） ・社員・顧客・消費者などへの呼びかけ

出所：日本経済団体連合会社会貢献推進委員会1％（ワンパーセント）クラブ「日本経済団体連合会社会東日本大震災における経済界の被災者・被災地支援活動に関する報告書」（2012年）より作成

2　社会貢献活動の展開

　企業による社会貢献活動や社員のボランティア活動は,「企業の社会的責任（CSR：Corporate Social Responsibility）」の一環として推進されている。CSR とは,雇用の継続や納税などの法律にもとづく最低限の責任を果たすということのみならず,持続可能な社会を築くために企業としてすべきこと・できることを考え,実行することである。そして,「持続可能性（sustainability）」が,CSR のキーワードとなっている。では,なぜ今日の企業は,持続可能性を志向して,CSR に取り組むようになったのか,その経緯をみていくこととする。

　CSR は英語表記であるとおり,欧米で唱えられた概念であり,その本格的な考察が始まったのは 1970 年代である。経済協力開発機構（OECD：グローバルな視点で経済に関する課題に取り組む国際機関）が,企業倫理・人権・環境保護・情報開示などの幅広い観点から「多国籍企業行動指針」を取りまとめたのは 1976 年であった。それは,企業による環境破壊・粉飾決算・児童労働などの諸問題を背景に取りまとめられ,企業に責任ある行動を勧告するものである。例えば,企業が土壌汚染という環境破壊をしつづければ,人は健康を害され,土地は食糧を生産できなくなり,個人・社会として持続不可能になるので,企業も社会の一員として責任ある行動をとらなければならないということである。

　日本においても,海外との取引が盛んな企業が中心となり,1970 年代から CSR の検討をしはじめた。しかし 1980 年代には,政界や官界をも揺るがす未公開株の贈収賄事件が発覚した。また当時は,いわゆる「バブル景気」であったこともあり,日本企業が海外で躍進し,国家間の貿易摩擦となっていた。つまり 1980 年代は,国内外から日本企業の企業倫理や企業行動が問われた時代であった。ゆえに資金力のある企業においては,企業のイメージアップにつながる文化・芸術活動支援を「企業メセナ」（メセナとは,文化・芸術活動支援を意味するフランス語）として展開していた。例えば,海外の著名な絵画の購入展示,大規模なオペラの上演,国際コンクールの開催などである。このような文化・芸術活動支援を通して,企業の社会性を示していたのである。

ところが1990年代に入るとバブル経済が崩壊し，企業の資金力を生かした大規模な企業メセナは縮小していった。いっぽうで，企業が社会貢献活動のあり方を，社会的課題に取り組むNPOの活動から学ぶようになった。経済面のみならず，環境・地域社会・教育・人権などの多様な社会的課題に対して，企業としていかに能動的に取り組むかが，企業価値の向上に資するととらえられるようになったからである。また，阪神淡路大震災（1995年1月17日）を契機に，ボランティア活動への意識が社員の間でも高まり，ボランティア休暇・休職制度，ボランティア活動資金支援制度，マッチング・ギフト制度（企業が，従業員やユーザーの寄付金額に一定比率の額を上乗せする贈与制度）などが，整備されていった。

　しかし2000年以降も，1990年代の社会貢献活動の発展とは逆に，食品偽造やリコール隠しなどの，いわゆる企業不祥事が相次いだ。そして，投資家のみならず市民の間でも，企業に対する不信感とともにCSRへの関心が高まり，「社会的責任投資（SRI：Socially Responsible Investment）」が日本にも導入されるようになった。SRIとは，企業の財務状況などの経済性のみならず，環境・倫理・人権などに対する企業としての取り組みという企業の社会性をも評価する投資の方法である。

　つまり，企業の諸問題を背景にCSRが注目されるようになってきたのであり，今日の企業は持続可能な社会をめざさなければ，持続不可能になってきているのである。とくに，社会に及ぼす影響が大きい大企業ほど，CSRが問われている。ゆえにグローバルに事業を展開する多国籍企業や多角的に事業を展開する複合企業のような大企業においては，企業価値を高める経営戦略の一要素として，CSRが位置づいていった。また，企業や社員も社会の一員として，社会に役立つ事業や社会的課題の解決に積極的に取り組む「企業市民」であれという機運が高まり，企業の社会貢献活動や社員のボランティア活動が推進されるようになったのである。

3 社会貢献活動の特徴

では,企業の社会貢献活動とはいかなるものか。表11.2は,日本経済団体連合会の「1％クラブ」が取りまとめた「2011年度社会貢献活動実績調査結果」にもとづいている。同団体の社会貢献推進委員会では社会貢献活動を,「自発的に社会の課題に取り組み,直接の対価を求めることなく,資源や専門能力を投入し,その解決に貢献すること」ととらえ,1％クラブを組織している。1％クラブとは,経常利益などの1％相当額以上を自主的に社会貢献活動に支出しようとする企業や個人から成る組織である。

(1) 社会的課題の解決

社会貢献活動はCSRの一環として展開され,持続可能性を阻む社会的課題の解決への貢献が志向されている。2011年度は東日本大震災の被災者・被災

表11.2 社会貢献活動の分野別支出割合

分野別支出割合	支出総額に占める比率（推計）〇囲み数字はその年の順位			備考
	2009年度	2010年度	2011年度	
(1)災害被災地支援	⑨ 2.4%	⑨ 1.4%	39.4%	被災者に直接分配される義援金の拠出,現地で活動する災害ボランティアの活動支援など
(2)教育・社会教育	① 18.8%	① 18.7%	11.0%	教材の作成,講師の学校への派遣,企業施設見学の受け入れなど
(3)学術・研究	② 14.8%	② 16.8%	8.9%	奨学金の整備や研究助成,顕彰事業など
(4)健康・医学,スポーツ	③ 12.7%	⑤ 11.4%	8.4%	研究活動への寄付,患者や闘病を支える家族のケア,健康増進につながる活動,海外の疫病根絶支援,各種スポーツの活動資金の支援や青少年の選手育成への協力など

分野						内容例
(5)文化・芸術	⑤	11.6%	④	12.6%	8.3%	協賛や寄付，アーチストと市民の交流促進など
(6)環　境	④	12.4%	③	13.9%	7.2%	清掃や植林等の地域環境の保全，生物多様性の保護，環境学習，事業活動で培った技術を活かした環境改善活動など
(7)地域社会の活動，史跡・伝統文化保全	⑥	10.9%	⑥	8.4%	5.2%	地域の活動への参加や協賛，施設開放，地域住民を招いたイベントの開催，史跡・伝統文化の保存など
(8)社会福祉，ソーシャル・インクルージョン	⑦	5.3%	⑦	4.9%	3.6%	社会的弱者の自立を支援，社会への参画を促し障害となる要因を除去する取り組み
(9)国際交流	⑧	3.0%	⑧	2.1%	1.5%	青少年の交流事業，難民支援，感染症の撲滅，平和構築，途上国における社会開発など
(10)NPOの基盤形成	⑪	0.5%	⑩	1.0%	0.7%	ICTを活用した組織管理，魅力的な広報手法のノウハウの提供など
(11)政治寄付	⑩	1.0%	⑪	0.8%	0.6%	政治寄付
(12)雇用創出及び技能開発，就労支援	⑫	0.4%	⑫	0.5%	0.3%	貧困の緩和ならびに経済開発のための技術習得や実習のプログラムの実施など
(13)防災まちづくり，防犯	⑬	0.2%	⑬	0.3%	0.2%	物資・施設の提供に関する地域との協定締結や地域の災害訓練への協力，地域の防犯活動への参加・協力など
(14)人権，ヒューマン・セキュリティ	⑭	0.1%	⑭	0.2%	0.1%	人権に対する意識啓発，バリアフリー社会づくりのための教材提供など
(15)その他		6.0%		7.1%	5.8%	
有効回答企業		348社		407社	431社	
分野別支出額記入企業		341社		399社	421社	
合計額（億円）		1474.18		1469.21	2285.83	

出所：日本経済団体連合会社会貢献推進委員会１％（ワンパーセント）クラブ「2011年度社会貢献活動実績調査結果」（2012年）より作成

地支援が，企業としても優先的に取り組むべき社会的課題であったために，表11.2のとおり，「災害被災地支援」の支出額が首位に位置づいている。

なお，東日本大震災のような経済界全体としても取り組むべき差し迫って重要な課題がない年には，環境問題のような普遍的課題とともに，それぞれの企業や業界の持続可能性にかかわる課題の解決にも力を入れている。例えば，自動車会社では環境や交通安全に関すること，医療や保険会社では健康や福祉に関すること，商社では国際理解や国際交流に関することなどである。

（2） 次世代の育成

次世代の育成に力を入れていることも，社会貢献活動の特徴としてあげられる。表11.2でも明らかなとおり，例年は児童生徒を主な対象とする「教育・社会教育」が，社会貢献活動の首位に位置づいている。具体的な内容は，講師派遣等の授業への協力，社会体験活動・インターンシップの受け入れ，教員対象の講座，企業独自の教育関連講座，ツール・ノウハウ・資金等の提供，教育関連NPO支援などである。若者の社会的・職業的自立や，学校から社会や職業への円滑な移行が，日本の社会的課題であるとともに，次世代の育成が企業の持続可能性につながる国際競争力の向上にも不可欠だからである。

また，表11.2において「学術・研究」が3番目であるとおり，社会貢献活動では，奨学金の整備や研究助成，また功績などを表彰する顕彰事業などのかたちで，大学などの高等教育機関や研究者の支援にも力を入れている。今日では，民間企業と大学などの教育研究機関，それに政府や自治体も加わる「産学官連携」が，産学官それぞれの立場から推進されている。

4　社会貢献活動の実際

では，実際にどのような社会貢献活動が行われているのか。それは，大別すると2つの方法で展開される（表11.3参照）。1つは，自社の基本方針や重点分野と一致するNPO等の非営利組織への支援であり，金銭的支援が主な方法

表 11.3　社会貢献活動の方法

支援方法	主な内容
NPO等の非営利組織の活動支援 （外部）	・金銭的支援 ・物品／施設の提供 ・社員への情報提供 ・政策提言的な情報交換 ・社員の派遣や受け入れなどの人材交流
	・マッチング・ギフト ・協働プログラムの実施
社員のボランティア活動支援 （内部） 退職者のボランティア活動支援	・ボランティア休暇・休職制度の導入 ・ボランティア活動機会の創出（自主プログラム） ・ボランティア情報の提供や研修 ・ボランティア活動表彰制度 ・金銭や物資の提供 ・施設の開放

出所：日本経済団体連合会社会貢献推進委員会１％（ワンパーセント）クラブの「社会貢献活動実績調査」や各社の取り組みなどより作成

である。もう１つは，社員のボランティア活動支援である。ボランティア活動や地域活動のために有給で休める「ボランティア休暇制度」を導入するなどの「環境整備」や，「自主プログラム」のようなボランティア活動の「きっかけづくり」をし，社員のボランティア活動を促しているのである。

　なお，社員のボランティア活動も，企業の社会貢献活動も，社員が行う社会的活動であるが，両者には業務かどうかという違いがある。社会貢献活動やCSRを推進する部署で働く社員にとり社会的活動は業務（仕事）となるが，そのほかの部署で働く社員の自発的な活動はボランティア活動となる。ボランティア活動は個人の自発性を基本とするために，企業としては，「環境整備」と「きっかけづくり」を行い，活動の強要はしないことになっている。

　社員がボランティアとして参加する「自主プログラム」は，社会貢献活動を推進する部署や有志の社員が企画・立案・実施するものであり，社会にとってのみならず，社員や企業にとっても意味がある活動となっている。具体的な事例を２つ紹介しよう。

（1） 自動車会社の「移送サービス」

　ここで紹介するのは，家族向けのセダンのみならず，車椅子ごと乗車可能な福祉車両も生産する自動車会社の事例である。同社では，社会貢献活動の一環として，地域の社会福祉協議会と連携し，外出が困難な高齢者や障がい者の移送サービスを行っている。自社製品の福祉車両を用いて，社員やその家族が運転ボランティアとなり，車椅子等の補助具を用いなければ外出が困難な方の買い物，レジャー，通院などの送迎をしているのである。その取り組みにより，「十数年ぶりに親戚の家を訪ねることができた」「美術館に行くことができた」というような喜びの声が同社に寄せられている。運転ボランティアによる移送サービスが，車椅子利用者の社会生活の拡大の一助となっているのである。

　この取り組みは，社員や企業にとっても意味がある。自動車会社の社員には，運転が得意で車好きな人が多いため，運転ボランティアは，社員の特技を生かせる活動である。仕事以外の方法でも社会参加をしたいと思いつつも，そのきっかけをつかめない社員にとっては，取り組みやすいボランティア活動となる。実際にボランティア活動を行うと，利用者に教えられることや励まされることがあり，ボランティアとしてのみならず，福祉車両を製造する自動車会社で働くことの意味を再認識した人もいる。また，社員が車椅子の方の送迎にたずさわるなかで得た気づきにもとづき排気管の向きなどの車両改善がはかられており，よりよい車両を製造することにもつながっている。

（2） 電機会社の環境教育

　次に紹介する電機会社では，環境負荷がなくなるように，「ゼロ・エミッション」を志向している。企業活動によるエミッション（排出物）をなくそうということであり，製品のライフサイクル全体を通した取り組みが進められている。製品を省エネ仕様に改良することのみならず，再生資源で環境汚染となる化学物質を減らしてつくったり，輸送負荷を減らす梱包にしたり，使用後の製品を回収してリサイクルするというようなことである。また，日常業務においても，紙やペットボトルなどのリサイクルはもちろんのこと，社員食堂で出

た残飯は堆肥にして，工場などの施設の周りの花壇に用いている。

　この電機会社では，上記のような企業としての環境活動を近隣の小中学生に紹介し，子どもたちと社員がともに近くの河川の清掃活動をする環境教育を行っている。それは当初，学校から依頼された「社会科見学」の機会を提供するため，つまり子どものために始められたが，回を重ねるうちに，社員や企業にとっても意味があることが見えてきた。社会科見学が行われた月のペットボトルの分別率や紙などのリサイクル率が，明らかに向上するのである。ボランティアとして参加した社員は，「子どもたちに感心されると，もっとがんばらなければ…という気持ちになる」「子どもの前では，よい大人になれる」などと言っており，子どもには大人に対する教育力があるのである。

5　今後の展望と課題

　以上はいわゆる大企業の取り組みであるが，個人経営に近い企業においても，多様な社会貢献活動が展開されている。例えば，本書の読者のなかにも，小中学生のころに商店街などで職業体験をした人がいるのではないだろうか。

　企業の社会貢献活動では，企業規模の大小を問わず，前述のとおり，子どもを対象とする学校教育・社会教育活動の割合が高く，その傾向が一層強くなるものと考えられる。それは，学校教育をめぐる課題をふまえて，「学校・家庭・地域の連携」が推進されているからである。2006年に改正された教育基本法第13条には，「学校，家庭及び地域住民その他の関係者は，教育におけるそれぞれの役割と責任を自覚するとともに，相互の連携及び協力に努めるものとする」ことが条文化された。法改正をふまえた中央教育審議会答申「新しい時代を切り拓く生涯学習の振興方策について」（2008年）では，「地域における企業の役割も大きい」とし，企業にはCSRとして「地域社会の教育力の向上の役割を担っていくことが求められる」と提言している。また，中央教育審議会答申「今後の学校におけるキャリア教育・職業教育の在り方について」（2011年）では，「キャリア教育・職業教育を進める上では，地域・社会と並ん

で，経済団体等の産業界等，学校，行政のそれぞれの役割を踏まえた連携・協力もきわめて重要である」と説いている。

このような動向をふまえると，企業の社会貢献活動では今後も次世代育成に力を入れ，学校との連携が進むと考えられるが，目的や文化が異なる組織が連携するのは容易なことではない。そのため，「地域コーディネーター」や「学校支援コーディネーター」などの養成を行っている地方自治体もある。

ここで重要なことは，コーディネーターに一任してしまうのではなく，子どもが地域で学ぶ力を培えるように，会社員や教員が協働（collaboration）することである。協働とは，異なる目的や文化（特性）をもつ個人や組織が，同じ方向に向かって活動し，その活動のプロセスを共有することである。協働するためには，日常的に子どもの学びを見取っている教育者側が主体性を発揮することが期待される。例えば，教員が目的意識をもって主体的に取り組めるように，学校が組織的に対応することや，教育委員会などでコーディネーターを通して好事例や連携のノウハウを蓄積することなどが考えられる。また，子どものみならず，会社員や教員などの大人も多様性から学び合える協働が，個人・組織・社会の持続可能性につながるのではないだろうか。CSRが問われるようになった背景と同様に，学校・家庭・地域の連携が推進される背景にも，学校の閉鎖性や，家庭や地域の教育力の低下などの諸問題があるからである。自動車会社や電機会社の自主プログラムの事例から明らかなように，多様な人々との出会いや協働は，大人にとっても市民性を培う学びや働くことの意味を再確認する機会になるのである。

参考文献

中村香「学校と企業との連携」日本社会教育学会編『学校・家庭・地域の連携と社会教育』東洋館出版社，2011年

日本経団連社会貢献推進委員会編『CSR時代の社会貢献活動』日本経団連出版，2008年

日本経済団体連合会「1％クラブ」http://www.keidanren.or.jp/japanese/profile/1p-club/（2013/2/27）

第12章
ボランティアのコーディネーション

本章のキーワード
ボランティアコーディネーター ● ボランティアセンター ● 市民活動センター
中間支援組織 ● ボランティアマネジメント

▶▶▶ ボランティア活動を進めるうえで大きな課題の1つは、ボランティアを行う人の意思とボランティアを求める現場のニーズとの間に生じるミスマッチをいかにして解決するかということである。そこで重要になってくるのがボランティア活動のコーディネーションである。ボランティアコーディネーションの機能は主として「マッチング」と「マネジメント」で構成される。これは単に人と人を結びつけるのではなく、ボランティア活動にかかわりはじめた人たちが自己成長を遂げつつ、市民社会づくり参加していくための環境をつくるために行われるものである。

1 ボランティアコーディネーションとは何か

(1) ボランティアコーディネーションの意義

ボランティア活動を始めようと思うきっかけは、人さまざまである。例えば行政の広報紙でボランティアを募集していることを知ったり、インターネットを通じ魅力的なNPOの取り組みを知り、その活動に興味をもったなど、目的的ではなく、むしろ偶然にボランティア活動と出会うケースも少なくない。

ボランティア活動の輪が社会に広がっていくために必要なことは、ボランティア活動に出会った人たちが、人と人とのやりとりを通じて、さまざまな社会の課題に気づき、新しい価値を発見することができる場面を設定することで

あり，さらには地域や社会がかかえる公共的課題の解決に，人々が自分なりのやり方で主体的にかかわっていく環境づくりをコーディネートしていくことである。

このようにボランティア活動をする人とボランティアを求める人（または組織）をつなぎ，地域や社会のなかに「新しい公共」を生み出すための支援をボランティアコーディネーションという。

（2） ボランティアコーディションへの注目

ボランティアコーディネーションの必要性が提起されはじめたのは，1970年代半ばである。当時のボランティア活動は，福祉施設を中心に展開されていたこともあり，福祉施設・職員のニーズとボランティアを行いたい人のニーズを調整（コーディネート）する役割が期待されていた。

1985（昭和60）年に厚生省（当時）によるボラントピア事業（正式名称：福祉ボランティアのまちづくり事業）をきっかけに，市町村社会福祉協議会内にボランティアセンターの設置が進み，地域福祉を推進するという観点からボランティアコーディネーションが位置づけられることになった。

1990年代に入ると，1992（平成4）年の生涯学習審議会答申および1996（平成8）年の中央教育審議会答申を受け，青少年教育や生涯学習分野さらには学校教育の分野でもボランティアの重要性が指摘されるようになる。

ボランティアコーディネーションの必要性が社会的に認知されるようになったのは，1995（平成7）年の阪神淡路大震災であった。災害援助とボランティアとの連携のむずかしさが指摘され，それを解決するための方策としてボランティアコーディネーションが期待された。

現在では，環境・国際協力・まちづくり・文化・スポーツなどの分野にも活動領域を広げ，行政のみならず，大学やNPO・NGO，さらには企業までもがボランティアコーディネーションの機能に注目するようになってきている。

2　ボランティアコーディネーターの役割と仕事

（1）　ボランティアコーディネーターに期待される役割

　ボランティアコーディネーションを担う専門職が，ボランティアコーディネーターである。

　特定非営利活動法人日本ボランティアコーディネーター協会（以下，JVCAという）は，ボランティアコーディネーターの役割を以下のように定義している（JVCA「ボランティアコーディネーター倫理綱領」2012年3月）。

> 　ボランティアコーディネーターは，ボランティアコーディネーション機能を業務として担う専門職である。「一人ひとりが社会を構成する重要な一員であることを自覚し，主体的・自発的に社会のさまざまな課題やテーマに取り組む」というボランティア活動の意義を認め，その活動のプロセスで多様な人や組織が対等な関係でつながり，新たな活動を生み出せるように調整することにより，一人ひとりが市民社会づくりに参加することを可能にする役割を担う。

　ボランティアコーディネーターは，各地区の社会福祉協議会やボランティアセンター，そして市民活動センターなどNPOを支援する組織（中間支援組織）などに配置され，市民社会づくりには欠かせない存在となっている。

（2）　ボランティアコーディネーターの仕事

　筒井のり子は，ボランティアコーディネーターの仕事を8つの観点で整理している（図12.1）。重要なことは，8つの仕事が有機的に絡み合うことによって地域や社会の課題を発見し，人と人が協働し，その課題解決のための活動が創り出されていくということである。

　ここでは，筒井の分類を参考に，ボランティアコーディネーターの仕事を「マッチング」と「マネジメント」という観点から整理してみたい。

①　ボランティア活動のマッチング

　ボランティアセンターには，「ボランティアをしたい」という人が日々訪ね

図12.1 ボランティアコーディネーターの仕事

出所：筒井のり子『ボランティア・コーディネーター』大阪ボランティア協会，1990年，p. 66を一部改変

てくる。そこで求められるのはボランティアのニーズを「受けとめる」ということである。

　いっぽう，ボランティアセンターには，「ボランティアを募集したい」という団体からの声も寄せられる。また，ボランティア活動をしたい人たちの多様なニーズに応えるためには，さまざまな条件のボランティア活動の場をストックしておく必要がある。そこで，「求める」という役割が求められてくる。

　つぎに，ボランティア活動をしたい人とボランティアの支援を求める組織を

「結ぶ（つなぐ）」役割がある。この結ぶ（つなぐ）という行為は，一般に「マッチング」と呼ばれ，双方のニーズや条件を満たすことで，ボランティア活動の価値を高めていくことが期待されている。

　ほかにも，ボランティア活動を希望する人や実際にボランティア活動を行ってきた人たちに学習の機会（例えば，ボランティア入門講座，ボランティアスキルアップ研修など）を提供することを「高める（学びの場づくり）」と位置づけている。

　② ボランティアマネジメント

　ボランティアコーディネーターは，その役割を単なるマッチング機能に限定せず，地域のなかに生活するさまざまな人々が出会い，地域のなかに重層的なボランティアネットワークを創出するという役割（「創る」）がある。これを言い換えれば，ボランティアマネジメントを行うということになる。妻鹿ふみ子は，ボランティアマネジメントを以下のように定義している（「ボランティアマネジメント」岡本榮一他編『学生のためのボランティア論』大阪ボランティア協会，2006，pp.144-145）。

　　ボランティアマネジメントとは，ボランティアがその持ち味を発揮して組織の中で生き生きと活動することができ，結果として，組織の目標達成に寄与し，組織の可能性を広げる存在となることができるよう，ボランティアと共同（協働）していくための考え方とその手法及び手続きである。

　ボランティアマネジメントが求められる理由をあげると以下の２点になる。

　第１に，ボランティア活動はボランティアの自発的意思にもとづき行われるものであるが，受け入れる側にとっては，その施設・組織の活動の一部を担ってもらうという位置づけになる。その際ボランティアを志す人たちがその施設・組織が担う業務の内容を理解し，業務の一部を効果的に担えるようにするためのマネジメントが必要である。

　具体的には，ボランティアの側と受け入れる施設・組織の側との間の相互理解が進み，ボランティアにとっても，受け入れる施設・組織にとっても「win-win」の関係になるようなマッチングが求められる。

第2に，ボランティア活動をする人自身の自己実現・自己成長を支えることである。ボランティアは市民自らがもつ力を発揮し，人々が相互に助け合い，新しい公共を生み出すきっかけになる。そのためには，ボランティア活動にかかわりはじめた人たちが，ボランティア活動に社会的意義を見いだし，公共的な活動を通じて，継続的に社会参加を進めることができるような場や環境設定（例えば，ボランティアプログラムを開発し，プログラムをマネジメントすること）が重要となる。

　このほかにも，ボランティア活動をふり返り，次の実践に活かすための支援（「まとめる」）やボランティア活動の成果や意義を地域の人々に「知らせる」ことやボランティアセンターが地域のなかのボランティア活動振興の拠点となるために必要な情報を「集める」こともマネジメントの要素に加えることができよう。

（3）　学校教育を支援するコーディネーター

　つぎに，ボランティアセンター以外の場所で活動するボランティアコーディネーターの事例を紹介したい。ここで取り上げるのは，近年注目を集めている学校教育を支援するボランティアコーディネーターである。

　学校教育への支援は，行政（厚生労働行政と文部科学行政）の縦割りや公教育としての学校教育の自己完結的性格（子どもの教育はすべて学校教育が担うという考え方）などの課題があり，ボランティアセンターが関与しづらい分野の1つとされてきた。

　しかし，2002（平成14）年度の学習指導要領の改訂で「総合的な学習の時間」が学校教育に導入されることとなったこと，2007（平成19）年に東京都教育委員会が都立高等学校で「奉仕」を導入したこと，さらには，2011（平成23）年1月に中央教育審議会答申「今後の学校におけるキャリア教育・職業教育の在り方について」が出されたことなどを背景に，ボランティア（ボランティアや職場体験学習先の確保，キャリア教育におけるゲストティーチャーなど）の協力を求めるニーズが徐々にではあるが，学校側から出てくるようになった。

この要望に応えるため，東京都教育委員会では2005（平成17）年に教育支援を希望する企業・大学・NPOなどと学校をつなぐための中間支援組織（名称：地域教育推進ネットワーク東京都協議会，以下ネットワーク協議会という）を設置した。ネットワーク協議会の事務局は，東京都教育庁地域教育支援部生涯学習課におかれ，コーディネート役は社会教育主事（社会教育法にもとづき，教育委員会事務局におかれる社会教育の専門的職員）が担っている。

　2008（平成20）年度には，文部科学省が学校の教育活動を支援するため，地域住民をはじめとした学校支援ボランティアの活動コーディネートするしくみを学校単位でつくるという「学校支援地域本部事業」（第7章を参照）を施策化した。

〈事例〉　地域教育推進ネットワーク東京都協議会の取り組み
設立趣旨：学校と企業・大学・NPO等のとのネットワークをつくる，子どもたちに豊かで，多様な体験学習活動が提供できるようにサポートし，活性化していくしくみをつくる。
設　　置：2005（平成17）年8月　加盟団体数：387団体〔2013（平成25）年3月現在〕
事務局：東京都教育庁地域教育支援部生涯学習課
ボランティアコーディネーションの担い手：東京都教育庁の社会教育主事

【学校関係者の声】
　教育課程に沿ったプログラムが提供されていて，今学校で行っている勉強がどのように社会で活用されるのかについて，子どもたちが気付くきっかけとなった。（中学校長）

　生徒が授業で身に付けた力を実践する機会が設けられ，実社会で活躍している人と交流することで，本物と出会えた。（高校教員）

【子どもたちの声】
　今習っている数学の関数などが実際の社会で使われているのだと知って，とても驚きました。（中学生）

　仕事は堅苦しく，大人になったらつまらないことしか待っていないんだろうと思っていた今回の体験で，仕事をする姿を見て，大人になってもやりがいがあり，充実していると感じた。（高校生）

【企業関係者の声】
　社員自身が，相手の立場にたつことや誠実で素直な姿勢の大切さなど，ビジネスの基本を再認識するなど，改めて生徒のみなさんとの交流を通じて学ぶことが多かったです。

　引き続き弊社の持つリソースを活かした教育支援の可能性を探っていきたいと思います。

　この施策では「地域コーディネーター」の配置が提案されており，地域の住

民たちが自らの意思で支援するという構図が見えてくる。とくに小中学校は，住民の日常生活圏に配置される公的施設であり，今後は地域づくりの拠点機能を発揮することが期待されている施設である。しかも，地域コーディネーターの担い手として期待されているのは，地域住民自身（PTA の OB や青少年育成関係者など）である。学校という地域コミュニティの拠点に多様なボランティア活動が生まれることは，単に子どもの成長を支えるのみならず，持続可能な地域づくりを展望するうえで，今後ますます重要な意味をもつであろう。

3　これからの中間支援組織に期待される役割

　ボランティアコーディネーションとは，単に"人と人""人と組織（NPO，福祉施設や学校）"とをつなぐ機能をさすものではない。新しい公共の理念にもとづく市民社会を形成していくうえでは，公益的な活動を担う NPO と NPO，そして NPO と行政機関や企業などをつなぎ，ネットワークする機能が今後ますます重要になってくる。

　最後に，個人レベルではなく，NPO・行政機関・企業といった組織間の橋渡し役を担う中間支援組織の役割についてもふれておきたい。内閣府『中間支援組織の現状と課題に関する調査報告』2002（平成 14）年では，中間支援組織を以下のように定義している。

　　多元的社会における共生と協働という目標に向かって，地域社会と NPO の変化やニーズを把握し，人材，資金，情報などの資源提供者と NPO の仲立ちをしたり，また広義の意味では，各種サービスの需要と供給をコーディネートする組織。

　換言すれば，中間支援組織は，資源提供者（人材，資金，情報など）と NPO などの非営利組織とを仲介し，両者のミスマッチを防ぎ，それぞれの目的を達成するための支援を行う組織である。

　これまでは，各地区のボランティアセンターが中間支援組織の機能を主に担ってきたといえる。しかし，これまでのボランティアセンターに不足してい

たのは，資金提供者とNPOをつなぐ機能であった。本格的な人口減少社会を迎える日本にあっては，行政をはじめとした公的セクターにこれ以上多様な住民サービス提供を期待するのには限界がある。そこで，市民の自発的意思による参加型の地域づくりが求められてくる。それを支えるためにも，経済効率性をふまえつつ，安定した財政基盤を有した中間支援組織づくりが求められている。

参考文献
筒井のり子『ボランティア・コーディネーター―その理論と実際―』大阪ボランティア協会，1990年
川村匡由編『ボランティア論』ミネルヴァ書房，2006年
長沼豊編『学校ボランティアコーディネーション―ボランティアコーディネーター必携―』筒井書房，2009年

第13章
学びからみたボランティア活動

本章のキーワード
状況的学習 ● 学習成果の活用 ● アイデンティティ ● ふり返り（省察）
意識変容 ● 学び

▶▶▶ ボランティア活動は，学び（学習）との関係という側面からその特性をとらえることができる。例えば，ボランティア活動を実践するためには，事前に最先端の知識や技術を学んでおかねばならない場合がある。逆に，ボランティア活動の体験を通して知識や技術を習得することができるといった，事後的な効果も重要である。加えて，ボランティア活動に対する人々の理解を広げるとともに参加者を誘い込むためには，啓発的な学習機会の提供が効果的といわれる。このように，ボランティア活動と学びとの間には，さまざまな関係がある。本章では，こうした観点からボランティア活動の意味を考えてみよう。

1 ボランティア活動は学びの宝庫

ボランティア活動と学びとの関係は，大きく分けて3つの側面からとらえることができる。

第1に，ボランティア活動を実践するためには，さまざまなことを学ぶ必要がある。例えば，高齢者を介護する活動のためには，介護に関する技術や高齢者の特性を事前に学んでおかなければならない。里山を豊かな自然環境にするためには，植物管理の技術や生態系に関する知識など，専門的な内容を体系的に理解しておくことが必要である。在日外国人の支援においても，それぞれの

出身国・民族の言語や文化に関する基礎知識が求められる。

　第2に，ボランティアは活動を通して，体験的にさまざまなことを学ぶ。例えば，高齢者の介護を行う活動では，相手とのやりとりを通して高齢者の心身に関する特性を理解する。里山保全の活動であれば，自然空間がもつ癒しの機能や動植物の生態について肌で感じとる。在日外国人に対する支援活動の場合は，文化も制度も違う異国の地に住むことの困難さを目の当たりにして学ぶ。

　第3に，一般の人々に対する学習支援である。例えば，介護なら福祉社会に関する学習会，里山保全なら自然観察会，在日外国人の支援なら異文化交流の行事など，それぞれの活動に即した啓発的な学習機会を提供することによって，活動への理解を広げたり参加者を誘致することが重要となる。

　以上のように，ボランティア活動と学びとの間には，活動を実践するための学び，活動を通した学び，学習支援による活動の広がりという3つの関係がある。本章では，このような枠組みを出発点として，ボランティア活動と学びとの関係を考えることにする。なお，学校教育や子ども・若者に焦点化した内容は第9・10章で扱われているので，本章では主として大人（成人）の学びに焦点をあてる。

2　活動を実践するための学び―さまざまな学習活動―

（1）　学習成果に支えられたボランティア活動

　現代では環境，福祉，国際協力，青少年育成など多くの公共的な領域において，行政だけでは担いきれない課題が肥大化してきた。それらの課題を解決するために，地域住民の主体的な活動やNPOなど非営利の民間組織の活躍が期待されており，その担い手の多くはボランティアである。

　しかし，上記に例示したような諸問題を好ましい方向に導いていくには，当該分野の現状や新しい価値観・方法論などを十分にふまえた取り組みが求められる。そのためには，多様な知識・情報・技術を学ぶ必要がある。それは，前節で例示したような，介護活動に必要な技術や知識の事前の習得，里山保全活

動に必要な植物管理の技術や生態系の体系的な理解，在日外国人の支援に必要な言語・文化的な基礎知識といったものである。弛まぬ学習活動の成果に支えられたボランティア活動こそが，現代の社会を賢明なる方向に導く原動力といってよい。

（2） 学習活動とボランティア活動との関係をとらえる視点

　学習活動とボランティア活動との関係を考えるにあたり，次のような3つの視点が重要である。

　① 継承から変革・創造へ

　近代化が進む以前は，伝統的共同体が各地に根付いており，それぞれの共同体が長年の経験にもとづいて築き上げてきた地域運営のしくみや，それを支える固有の文化が存在していた。そして，それらのしくみや文化を後の世代に引き継ぐことが重要であった。例えば，祭りなどの行事や，年齢・性別に応じた地縁的な集団の活動などを通して，そうしたしくみや文化を若い世代が学んでいく仕掛けを整えていた。伝承を中心とする学びのしくみである。

　しかし，そのような共同体が崩れて新しい地域や社会のしくみをつくっていく必要のある現代においては，私たちをとりまく社会変化がもたらした現代的課題―環境，福祉，国際協力，青少年育成など―に関連する学習が求められる。伝統的共同体における学習が既存社会の「伝承」を基軸としていたのに対し，現代では既存社会の「変革」ないしは新しい社会の「創造」をめざす学習が必要となっているといえるだろう。そのような学習をふまえたボランティア活動が，変革や創造の騎手として期待されているのである。

　② あらゆる学習はボランティア活動の源泉

　①で述べたことは，学習内容それ自体が社会的課題に直結する学びを前提としている。しかし，趣味・教養・スポーツなど，それ自体は本人の生きがいのために行う学習であっても，学んだ成果をボランティアとして活用する方法はいくらでもある。例えば，趣味でバイオリンを習っている人が福祉施設で演奏会を開いて慰問する，児童文学の学習を楽しんでいるグループが小学校で読み

聞かせボランティア活動に取り組むなどである。

　学習成果の活用としてのボランティア活動を，①で述べたような範囲に限定せず，「あらゆる学習活動の成果はボランティア活動につながる」という前提にたつことが重要である。一人でも多くの人が，自らの生きがいや楽しみで実践した学習の成果を，公益性の高いボランティア活動によって活かしていくことのできる社会が求められる。

　　③　地域文化の再創造と継承
　現代的課題の解決に取り組む①の活動，自らの生きがいのために学んだ成果を活かす②の活動など，ボランティア活動を通した学習成果の活用は多様な形態をとりうる。さらに①と②の両方にまたがる活動として，地域の歴史・文化・自然などを学びながら，新しい地域文化や地域アイデンティティを追究することも，各地で試みられている。

　このように，地域の諸資源を学んで地域づくりやまちづくりに活かそうとする活動を地域学と呼ぶことがある（廣瀬隆人「地域学に内在する可能性と危さ」『都市問題』98-1，2007年1月号）。地域文化の再創造ともいえるこうした活動を広げるとともに，若い世代がそれを受け継ぎ，時代の変化に合わせてさらなる再創造を試みるという循環にもっていくことは重要である。「地域文化の再創造と継承のサイクル」という観点から，学習活動とボランティア活動との関係を総合的に仕掛けていくことが求められる。

3　活動を通した学び―状況的学習―

（1）　状況的学習とは何か
　つぎに，活動を通した学びについて考えよう。そのためには，状況的学習という概念を理解しておくことが重要である。
　私たちは通常，公民館やカルチャーセンターなどにおける学級・講座，同好の志で結成する学習サークル，テレビ等の通信教育などで学ぶことを，学習ないしは学習活動と呼ぶことが多い。それらは，ほかの生活や活動といった諸状

況から切り離され，一定の時間と空間を占有して行われる独立の活動としての学習である。前節で述べた，活動を実践するための学びはこれに相当する。

　しかし一方で，私たちは日常の生活や諸活動のなかで，それらを向上させようと苦労・工夫することを通して，あるいは生活や活動の結果として多くのことを学んでいる。このような意味での学習は，学ぶことそれ自体のために時間と空間を占有することを条件とせず，そして生活や活動といった諸状況と切り離されるのではなく，それらと表裏一体的な関係のもとに生まれ出るものである。いわば，「状況に埋め込まれた学習＝状況的学習（situated learning）」である（ジーン・レイヴ，エティエンヌ・ウェンガー／佐伯胖訳『状況に埋め込まれた学習―正統的周辺参加―』産業図書，1993年）。なお，成人教育学者のジャービス（Jarvis, P.）は，状況的学習について「状況の中での学習」や「（ほかの資源から引き出されるのでなく）行動の中に存在する知識」という表現を用いている（Jarvis, P., *International Dictionary of Adult and Continuing Education*, Kogan Page Limited, 1990）。

　状況的学習との対比でとらえるならば，一定の時間と空間を占有して行われる前述のような学習活動は，非状況的学習（non-situated learning）と呼ぶことができる。つまり，活動を通した学び＝状況的学習，活動を実践するための学び＝非状況的学習（通常は学習活動と表現される）というとらえ方ができる。

（2）　効果の連鎖を生む「ふり返り（省察）」

　本章の冒頭では，ボランティア活動を通した学びの例として，高齢者の心身，自然空間や動植物，在日外国人の困難に対する理解をあげた。しかし，学習というものをこうした何らかの対象物への理解に限定せず，「経験による行動（意識レベルを含む）の変容」（井上健治「学習」日本教育社会学会編『新教育社会学辞典』東洋館出版社，1986年，pp.66-67。東洋「学習」依田新監修『新・教育心理学事典』金子書房，1977年，pp.77-79）も含めるなら，自分自身の意識や態度の変容もまた学習だと考えることができる。

　学習をこのようにとらえたとき，状況的学習はボランティア活動のなかで連

鎖的に発生することが多い。ボランティア（Aさん）が高齢者（Bさん）の介護を行っている場面を想定して、その様子をみてみよう。

　最初のうちは、Aさんが食事の世話などをしようとしても、Bさんから拒否反応を受ける。そのためAさんは、どのようにしたらこの人から受け入れてもらえるかを自分なりに考えて工夫する。その結果、Bさんはようやく笑顔で受け入れてくれるようになる。それでも、そのあと着替えのお手伝いがうまくいかないと再びBさんは不機嫌になるため、そこでもまたAさんは工夫する。そうしたやりとりから、徐々に二人の間に一体感が生まれてくる。そうなると、Aさんは、高齢者としてのBさんに対する理解を深めることができ、以前は暗いイメージしかもてなかった高齢社会に対し、今では楽しい明るいイメージを抱くようになる。それによって、Bさんとの関係がさらによくなって介護活動も向上し、Aさんの自信へとはね返り、高齢社会に対するプラスイメージがさらに高まっていく。それがまた、介護活動によい影響を与え、介護ボランティアとしてのAさんの安定的なアイデンティティが形成される。

　この例でいえば、Aさんには、Bさんから受容や笑顔を引き出すことができる態度や技術の習得、Bさんと一体感をもてるような人間関係の力の獲得、高齢社会に対する意識の変容と豊かな世界観の醸成といった諸効果が、連鎖的に生まれている。こうしてAさんは、介護活動の実践を通して介護者としての力量向上や意識変容、ひいてはアイデンティティ形成を遂げていくのである。すでに述べたように、こうした意識や態度の変容も状況的学習である。

　ここで大切なポイントは、介護活動を実践すれば無条件に上記のような効果が生まれるわけではないということである。Aさんの場合でいえば、Bさんが拒否反応を示したり不機嫌になったりするときに、Aさんは改善策を工夫している。つまり、Bさんからの否定的な反応という「はね返り」（反作用）を受けることによって、自分自身の行為を反省し、何が必要であったのかを検討するという「ふり返り」（省察）を行っているのである。だからこそ、改善の糸口がみつかって効果の連鎖が生まれている。こうして、「はね返り（反作用）とふり返り（省察）の循環」によって、介護活動の向上と意識変容が段階的に

促されてアイデンティティ形成につながっていくのであり，この過程の全体が状況的学習である。

4　人々に対する学びの支援

ここまで述べてきた「活動を実践するための学び」と「活動を通した学び」は，いずれもボランティア自身の学びである。これらに加えて，ボランティアへの理解や参加を促すため，一般の人々に対して行う学びの支援も重要である。多くの人々に対して開かれたボランティアであるためには，各種メディアによる啓発やさまざまな形態の学習機会の提供は，必須の条件といえる。

全国のNPO法人を対象としたアンケート調査の結果によると，「一般の人々に対して，とくに学習の場を提供していない」と回答した団体は7.7％にすぎない（佐藤一子編『NPOの教育力―生涯学習と市民的公共性―』東京大学出版会，2004年，p.87）。つまり，ほとんどのNPO法人は，講座・講演会をはじめ何らかの学習支援の事業を行っているのである。

多くのNPOがボランティアによって支えられていることをふまえるならば，ボランティア活動が人々の学習を支援しているととらえることもできる。ボランティア活動は，一般の人々に対する啓発や学習機会の提供を通じて自らのミッションを発信し，活動の社会的な意味の理解を促し，さらにその魅力やおもしろさを伝えるのである。人々に対する学習支援は，ボランティア活動の発展を支える重要なツールといえる。

5　ボランティア活動と学びの循環構造

（1）　モデルの提案

本章2～4節で述べてきた3つの関係を組み合わせ，ボランティア活動と学びの循環構造としてモデル化すると，図13.1のように示すことができる。

この図は，一人のボランティアからみた，ボランティア活動と学びの循環構

```
          ┌─────────────────┐
          │ C  人々への学習支援 │
          └─────────────────┘
┌──────────────┐  ┌──────────────┐  ┌──────────────┐
│ A  学習活動    │→ │ ボランティア活動 │→ │ 社会的な成果   │
│ （非状況的学習） │  │              │  │              │
└──────────────┘  └──────────────┘  └──────────────┘
                  ┌──────────────┐
                  │ B  状況的学習  │
                  └──────────────┘
```

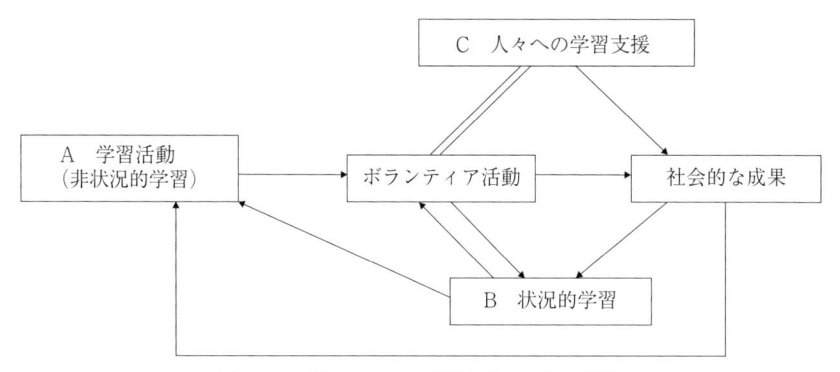

図13.1　ボランティア活動と学びの循環構造

造を表している。まず，学習活動（非状況的学習）の成果の活用としてボランティア活動を実践することによって，ある種の社会的な成果が表れる。その反作用を受けて，ボランティアに状況的学習が生じる。あるいは，社会的成果の反作用を待たずとも，ボランティア活動の経験自体がボランティアの意識になんらかの影響を与え，状況的学習が生じることもある。

そのようにして生じた状況的学習によって，ボランティアは活動への意欲をさらに高めるとともに，新たな学習課題を認識することとなり，次の段階の学習活動へと進んでいく。その成果がまたボランティア活動を促す。もちろん，状況的学習を経なくても，社会的な成果から直接的・必然的に次の段階の学習活動へと結びついていくことはある。いっぽう，ボランティア活動への理解や参加を広げるため，ボランティアは一般の人々に対する啓発や学習機会の提供を行う。これが「人々への学習支援」であり，これによって，ボランティア活動の社会的な成果はさらに大きく膨らむ。

このようにして，ボランティアは，学習活動，ボランティア活動，社会的な成果，状況的学習，人々への学習支援という5つの節目をめぐることによって，ボランティア活動と学びの循環的な発展過程を経験することになる。

（2）　事例としてのグラウンドワーク三島

NPO法人グラウンドワーク三島（以下，GW三島）は，住民・行政・企業の

三者のパートナーシップによる環境改善活動，つまりイギリスで 1980 年代に始まったグラウンドワークの活動をめざして創設された。1992 年にグラウンドワーク三島実行委員会という任意団体でスタートし，1999 年に法人化して現在の名称になった。汚染された川の景観と自然の再生，絶滅した水中花の復活，荒地化した空き地の公園整備，学校ビオトープの支援など，多様な事業を展開してきた。

　GW 三島の特徴の 1 つは，多くの市民が作業に参加し，現場での実践を通してさまざまなことを体験的に学んでいるということである。事務局長の渡辺豊博氏によると，GW 三島は「実践市民大学」である。まさに，実践から学ぶ状況的学習の舞台としてのボランティア活動といえるだろう。スタッフに対するインタビュー調査の結果（田中雅文『ボランティア活動とおとなの学び―自己と社会の循環的発展―』学文社，2011 年，pp.67-97）によれば，さまざまな実践活動とその社会的な成果の経験から，彼／彼女たちの多くは次のようなことを学んでいる。つまり，「人々とのつながり」と「次世代の育成」を大切にすることの重要性を学び，そのような側面からの人間関係を基盤として「相互の協力や継承をしながら地域や社会を刷新・運営していくこと」に大きな意味を見いだすこととなったという。これは，彼／彼女らにとっての意識変容であり，そこにいたるまでの過程が状況的学習にほかならない。このように，GW 三島では，図 13.1 におけるボランティア活動，社会的な成果，状況的学習の相互関係が充実している。

　いっぽう，GW 三島のボランティアは，必要に応じて学習活動（非状況的学習）に取り組む。その典型は，市内中心部を流れる源兵衛川（農業用水路）の環境再生活動において，構成団体の 1 つである「三島ゆうすい会」がほぼ毎月 1 回のペースで「水の勉強会」を継続して行ったことである。この勉強会に支えられて，ボランティア活動が大きな社会的成果をあげた。さらに，一般の人々への啓発的な活動（人々への学習支援）として，活動地点での案内板（活動とその成果の説明）の設置，一般市民が楽しめるイベント的な作業の実施，パンフレット類の作成・配布，エコツアーによる活動拠点めぐりなどを行い，さ

まざまな方法で活動に対する市民の理解や参加を広げている。

以上のようにGW三島では，状況的学習，学習活動（非状況的学習），人々への学習支援を組み合わせ，それらとボランティア活動の循環的発展を促してまちづくりの成果につなげているのである。図13.1に示した循環構造を具現化した事例の典型といってよい。

＊＊＊＊＊

本章でみてきたように，ボランティア活動は弛まぬ学習活動の成果に支えられるとともに，さまざまな学びを生み出す源泉ともなる。そして，学びを契機に多くの人々がその世界に招き入れられる。まさに，ボランティア活動は学びとともに存在し，学びとともに発展するのである。

ボランティア活動は，いうまでもなく社会貢献の営為である。しかし同時に，学びの醸成を通して人を育む「装置」でもある。ボランティアは活動を通して社会に貢献するものの，同時にたくさんの学びを得て自分自身が豊かになる。GW三島のボランティア・スタッフの言葉を借りるならば，ボランティア活動の世界に入ることによって，ビジネスの世界とは違う「地域の井戸端会議」の重要性が理解でき，「人は信頼するに足る」という人間観を獲得し，「幸せのスパイラル」を味わうことができる（前掲書，pp.67-97）。

固定した枠組みに拘束されない学びと，それを通して「金では買えない」自己実現が得られるボランティア活動。学校教育と貨幣経済が発達しすぎた現代において，私たちを「もう1つの」学習世界，生活世界へと誘ってくれるのが，ボランティア活動ではないだろうか。

参考文献
田中雅文『ボランティア活動とおとなの学び―自己と社会の循環的発展―』学文社，2011年
佐藤一子編『NPOの教育力―生涯学習と市民的公共性―』東京大学出版会，2004年
日本社会教育学会編『NPOと社会教育』東洋館出版社，2007年

第14章
ボランティア活動のデザインに向けて
―課題と展望―

本章のキーワード
NPO ● 批判的思考 ● 課題解決型学習 ● 公共圏 ● ソーシャル・デザイン

▶▶▶ これまでの各章では、さまざまな角度からボランティア活動をデザインするための視点を提供してきた。全体を一言でいえば、「ボランティアは市民社会やまちづくりの土台となる重要な存在であり、そのようなボランティアの活動を活性化させるために『ボランティアを育てる』『ボランティアを活かす』『学びとの相乗効果を促す』という観点が重要だ」ということになるだろうか。

本章では、このような切り口から、本書で述べてきたことのポイントを整理する。そして最後に、ボランティア活動に関する現代的な特徴を抽出し、それをふまえて今後におけるボランティア活動のデザインのあり方を展望する。

1 社会の土台を支えるボランティア

現代社会におけるボランティアの位置を考えたとき、大きな枠組みとしては次のようにとらえることができる。

まず、国家および市場との対比によって市民社会を位置づけたとき、ボランティアはその土台を支える存在だとみなすことができる（第4章）。ボランティアは、地域や社会全体を安全に維持するための地道な活動を行うとともに、現代社会のかかえる課題の解決や新しい社会的なしくみの創造に向けた先駆的な取り組みにも挑戦し、政府・行政や企業の果たせない役割を担っている。

いっぽう，エリア型やテーマ型のさまざまな活動に従事するボランティアは，地域における具体的なまちづくりの事業にかかわり，地域におけるソーシャル・キャピタルの形成，生活環境の改善，特色ある地域の創造などにとって欠かせない存在でもある（第6章）。

これらのボランティアの属性はさまざまである（第2章）。性別では女性と男性，年齢では若者や高齢者，職業では社員ボランティアやプロボノなど，それぞれの属性にもとづく固有の立場がある。さらに活動形態からみれば，個人ボランティア，団体の一員としてのボランティア，施設ボランティアなどがある。このようにさまざまな立場にあるボランティアは，市民社会やまちづくりのなかで多様な視点やアプローチにもとづく活動を展開し，社会のニーズを総合的に満たす役割を担うのである。

以上のように，現代における重要なセクターである市民社会，そして社会の活性化のための基本的な営為であるまちづくりは，ともにボランティアの存在によって支えられている。そして，多様な立場のボランティアの活動によって形成される豊かなソーシャル・キャピタルは，市民社会の土台を盤石なものにする。そのことが活発なまちづくり活動の促進要因となり，その結果としてソーシャル・キャピタルがさらに豊かになって市民社会の土台をしっかりしたものにしていく。こうして，市民社会とまちづくりは，ボランティアの活動とそれが生むソーシャル・キャピタルを媒介要因として，相互に影響を及ぼしあいながら発展していくと考えることができる。

2　ボランティアを育てる

上記のように，ボランティア活動は現代社会において重要な役割を担っている。それでは，このようなボランティア活動を活発化させるためには，どのようにすればよいのだろうか。まずは，市民社会やまちづくりに対して積極的にかかわっていけるようなボランティアを数多く輩出することであろう。そこで本節では，「ボランティアを育てる」という観点から，学校教育と社会教育

（青少年施設）における課題を整理する。

（1） 学校におけるボランティア学習

　前節で描いたようなシナリオが現実となるためには，それを推進できるボランティアが社会に続々と輩出されなければならない。そのために期待されることの1つが，学校教育におけるボランティア学習である。

　ボランティア学習にはさまざまな定義が付与されているものの，本書では「事前学習・活動・ふり返りのプロセスを繰り返し行うことで，児童生徒・学生のセルフ・エスティームやシティズンシップを涵養する学び」と定義している（第10章）。なお，ここでいう「活動」とは，地域における貢献的な活動を意味する。福祉教育，シティズンシップ教育，サービス・ラーニングなど多様な方法論を通して，これからの社会の担い手としての資質を若者に育むことが重要な課題とされている。

　ボランティア学習は初等中等教育のみならず，高等教育でも重要な教育方法として位置づけられている（第10章）。高等教育段階では，サービス・ラーニングのほか，NPOやまちづくり団体でのインターンシップなどのプログラムが，ボランティア学習の一環として注目されている。

　以上のように，初等教育から高等教育まで各学校段階において，さまざまな教育活動を生み出していくことが必要である。

（2） 青少年教育施設における若者の社会参加

　つぎに，社会教育の分野に目を移してみよう。若者が利用する社会教育施設として青少年施設がある。ここでは，若者が利用者としてサービスを享受するのみならず，自分たちが使う施設の運営や事業実践に参画し，責任の一旦を担う体験をすることが重要である。いわば，当事者性の強いボランティア活動の体験であり，それを通して社会人やボランティアとしての成長が促される。

　ここでの重要なポイントは，正統的周辺参加の機会の提供，事前学習・活動・ふり返りというサイクルを通した学習の意識化，個人の成長と社会変革の

一体的追求などである（第10章）．

（3） 支援するボランティアの役割

　学校や青少年施設でボランティア学習やボランティア体験を推進する場合，実際にボランティアとして活動している住民・市民がそこにかかわることが重要である．これらの人々は，ボランティア活動の経験によって蓄えられた知恵をもとに，適切な支援や助言を提供することが可能であるとともに，青少年に対してボランティアとしてのロール・モデルを示すこともできるからである．

　学校においては学校支援ボランティア（第7章），青少年施設においてはユースワーカーの補佐役や社会教育施設ボランティア（第8章）などが，それらの人材に相当する．とくに，学校は本来的に地域と一線を画した存在であるため，子どもたちとボランティアとの接触の機会を計画的に生み出すことが求められる．放課後子ども教室，学校支援地域本部，地域コーディネーターなど，文部科学省の政策を活用しながら，積極的に推進していきたいものである．

3　ボランティアを活かす

　つぎに，ボランティアをどのように効果的に活かしていくかという問題に移ろう．主なポイントは3つある．1つはボランティアのコーディネーション，2つは多彩な力量をもった企業社員たちをボランティアとして活かす方法，3つはボランティア活動に影響を及ぼす法制度である．

（1） ボランティアコーディネーション

　それぞれ固有の想いをもつボランティアを活かすためには，コーディネーターの存在が重要である．コーディネーターの役割は2つある（第12章）．1つは，多様なボランティア同士をつなぎ，重層的なボランティアネットワークを形成することである（ボランティアマネジメント）．2つは，支援を求める人（組織）や場とボランティアとの間をつなぐことである（マッチング）．

いわゆる中間支援組織と呼ばれる組織も，コーディネーターの一種であり，次のような役割を担っている（第12章）。つまり，人材・資金・情報などの資源の提供者とNPOなどの非営利組織を仲介する役割であり，具体的には学習事業，相互交流の機会，PRの場など，非営利組織に対してさまざまな支援を行う。このような中間支援組織を育てることも重要な課題となる。

（2）　企業とボランティア

　ボランティア活動を促進するため，企業にも以下のような重要な役割がある（第11章）。直接的には自社の社員にボランティア活動を支援することであり，間接的にはNPOなどの非営利組織を支援すること（それによって，非営利組織のボランティア活動が活性化する）である。前者には，ボランティア休暇（休職）制度，ボランティア活動機会の創出などがある。

　企業の社員は，職業経験を通して多様な知識・技術を蓄積している。この「財産」をボランティアとして各方面で活用することの意味は大きい。とくに，学校教育や社会教育においては，知識・技術の提供にとどまらず，子どもたちに職業人としてのロール・モデルを示すこともできる。

　以上のことから，企業が社員ボランティアのコーディネーターとして機能することによって，非常に豊かな資源が社会で活用されることになる。中間支援組織との連携によって，その可能性は広がるだろう。

（3）　法制度からみたボランティアの活性化

　ボランティア活動の活性化を促す環境要因として，法制度が重要である。しかし，法規範は一般に，「画一性」「安定性」「強制力」といった性格をもっており，それもとづく統治作用は，ボランティア活動の本質的性格である「自発性」と最も遠いところにある（第5章）。そのため，ボランティア活動に関する法制度においては，ボランティア活動の自発性（自立性，自律性）を損ねずに促進できるような活動環境（活動条件）を整えることが重要である。

　主な法制度としては，国レベルではNPO法がある。これは，市民活動団体

に法人格を与えるなどにより，ボランティア活動などの市民による自由な社会貢献活動の促進を意図したものである。地方自治体レベルでは，市民活動やボランティア活動の促進，およびそれらの活動と行政との協働を促進することを目的にする条例がある。以上のような法制度の適切な整備によって，ボランティアを中心とする市民活動の輪が広がっていくことを期待したい。

4　学びとの相乗効果を促す

　ボランティア活動は，社会貢献の活動であるとともに，ボランティアの学びと成長を促す活動でもある。そこで，本節では，ボランティア活動と学びとの関係に着目し，学びを通してボランティア活動を活性化する方策を確認する。

（1）　学習活動と状況的学習

　ボランティアは，活動の過程でさまざまなことを学ぶ（第13章）。第1に，活動を実践するために必要な知識・技術を学ぶ（学習活動）。第2に，活動を通して知識・技術を学ぶとともに意識や態度の変容も経験する（状況的学習）。このように，ボランティア活動は弛まぬ学習活動の成果であるとともに，状況的学習を生み出す根源でもある。

　例をあげれば，次のとおりである。まちづくりに取り組むボランティアは，よりよい地域をつくるために最先端の知識や価値観を習得することによって活動を向上させ，その活動の成果—地域イベントの成功など—を目の当たりにすることによって，新たな世界観や地域観（これは意識変容の源泉となる）を獲得する。あるいは，社会人講師を務める学校支援ボランティアは，子どもたちに最先端の知識を提供するために事前の勉強を怠らず，授業での子どもたちの思わぬ反応から新たな子ども理解（同上）を得ることができる。

　このように，ボランティア活動はボランティアに多様な学びを与えてくれる。ボランティアは，活動を通して社会に貢献すると同時に，たくさんの学びを得て自分自身が豊かになるのである。

(2) 自己と社会の循環的発展

　ボランティア活動の体験や成果によって生じる状況的学習は，次の段階におけるボランティア活動の原動力となる（第13章）。

　つまり，活動を通した知識・技術の獲得や意識・態度の変容は新たな課題意識を触発し，そうした意識がボランティア活動の質を高めたいという気持ちを生みだす。そこで，新たな知識・技術を学習活動によって習得し，その成果を活かして次の段階におけるボランティア活動に取り組み，その活動成果としてなんらかの社会変革や新しい社会システムの創造をもたらす。それがまた状況的学習につながっていく。

　以上のように，ボランティア活動は，「ボランティア自身の学びや成長」と「ボランティア活動の成果としての社会の変革や創造」の間を媒介し，両者の相乗効果を促す可能性をもっている。このような「自己と社会の循環的発展」というメカニズムは，第10章でも「個人の成長と社会変革の一体的追求」という言葉で表現されている。ボランティア活動のデザインにおいては，こうした循環を促進することが重要である。

5　ボランティア活動のデザインに向けて―課題と展望―

　上記1～4では，本書で述べてきたことをもとに，ボランティア活動をデザインしていくためのポイントを整理した。つまり，ボランティアが市民社会やまちづくりの土台となる重要な存在であることを指摘するとともに，そのようなボランティアの活動を活性化させるための課題を，「ボランティアを育てる」「ボランティアを活かす」「学びとの相乗効果を促す」という観点から述べた。

　最後に，ボランティア活動に関する現代的特徴を抽出し，それをふまえて今後におけるボランティア活動のデザインのあり方を展望する。

（1） ボランティア活動の現代的特徴

① ボランティア概念の広範化

　歴史的な背景を確認すれば，近代社会におけるボランティア活動は，その語源が意味する自発性に加え，チャリティやフィランソロピーという考え方に支えられていた（第3章）。要するに，「困っている人を自発的に助ける」ということからスタートしたのがボランティア活動だといえる。時代の流れととともに，ボランティア活動の意味は変容過程をたどり，現代では主体性・自発性，公共性・社会性，無償性・非営利性という言葉で表現されることが多くなり，さらに閉塞感に包まれる現代社会の新しい突破口を開いてほしいという期待から，先駆性・創造性・開拓性といった要素が加わることになった（第1章）。

　しかし，実際に行われている活動をみると，これらの原則や理念を逸脱し，より広範囲な活動がボランティア活動として認識されている。とくに，主体性・自発性と無償性・非営利性について，それが顕著である。

　例えば，主体性・自発性については次のとおりである。半ば動員的に招集される地縁的な団体の活動，人から誘われたり勧められて参加する活動など，主体性・自発性にもとづくとはいえない活動を含む場合も多い。さらに，参加が義務となっている学校でのボランティア学習は，厳密にはボランティア「体験」であったとしても，ボランティア「活動」と同列に扱われることがある。

　無償性・非営利性については，次のとおりである。有償ボランティアを含め，金銭の授受が発生する場合がある。社会的企業やコミュニティ・ビジネスなど，「無償」の概念に相当しない公共的活動も増えてきた。ボランティア休暇制度のように，従業員が給料を得ながら「ボランティア活動」に参加することもある。さらに，多くの場合，ボランティア活動を通して生きがいや自己実現など非金銭的な報酬が得られており，「無償」の意味が空洞化しつつある。

　このように，ボランティア活動とみなされる内容が膨れ上がる傾向をとらえ，仁平典宏は，「ボランティア」の汎用可能性が上昇して境界の解体を招き，結果としてこの概念自体が空虚になってしまったと指摘している（『「ボランティア」の誕生と終焉』名古屋大学出版会，2011年，374-392頁）。

② NPOの台頭と収益志向

ボランティア活動に関するもう1つの特徴は，NPOにかかわることである。

上記の仁平の分析（前掲書，392-401頁）によれば，企業の社会貢献活動の台頭に伴い市民社会との区別が融解し，そこに社会貢献マーケットが成立するとともに，ボランティアに代わってNPOが台頭してきた。NPOに関しては〈有償／無償〉の種別性が無効化し，企業の行動様式がモデルになるとともに「経営」の観点が強調されるようになった。

田中弥生も類似の分析を行っている（『市民社会政策論』明石書店，2011年，10-14頁）。田中によれば，近年における政府の政策は，社会的企業やソーシャルビジネスを重視してNPOの収益志向を促し，一方で寄附やボランティアによって活動する団体を「古いNPO」と位置づけてボランタリズムを委縮させた（実際，寄附やボランティアを採用しないNPOも少なくない）。

つまり，ボランティアに多様な活動機会を提供する団体であるNPOは，企業的な行動様式のもとに収益性を重視するようになり，ボランティアの活用に消極的なNPOも少なくないという現象が生じているのである。

田中も指摘しているように，市民が社会課題の解決に参加しようとするとき，ボランティア活動はそのための主な回路の1つである（前掲書，14頁）。その回路を提供する主体として，現代においてはNPOが重要な役割を果たす。したがって，NPOによるボランティアの軽視という事態が蔓延すると，市民・国民が社会課題の解決に参加するための道を狭めることになる。

（2）ボランティア活動のデザインに求められること

以上，前項（1）では，ボランティア活動に相当する活動がかなり広範囲に行われるようになったものの，収益志向に支配されやすくなったNPOが，社会課題の解決に取り組むためのボランティア活動―いわば，先駆性・創造性・開拓性にもとづく活動―の機会を，市民・国民に対して十分に開いていないという可能性が確認できた。このような実態をふまえると，広範囲に普及したボランティア活動を社会課題の解決に向けて効果的に活かしていくことが重要だ

といえる。

　そこで，本章2～4であげた3つの観点に沿って，このような視点にもとづくボランティア活動のデザインの課題を検討してみよう。

　① ボランティアを育てる

　学校でのボランティア学習や青少年施設における体験活動において，批判的思考（critical thinking）を培う学習に力点をおくことが肝要である。これは，次の②で述べるような，学習を組み込んだ社会課題の解決の活動にとって，基礎的な素養となるものである。

　② 学びとの相乗効果を促す

　個々のボランティアにとっては，最先端の知識や価値観を学びながら，それを社会課題の解決に向けてボランティア活動で活かすとともに，活動成果をふりかえって次の学習活動やボランティア活動をさらに発展させることが大切である。これは，地域でのボランティア活動における課題解決型学習といえる（田中雅文「社会課題型学習の展開」国立女性教育会館『NWEC実践研究』第3号，2013年）。NPOや市民活動団体のリーダーには，こうした活動を促進するための力量が求められる。そして，そのようなリーダーを育成することや，学びとボランティア活動の相乗効果を学ぶための学習機会を提供することが，ボランティア活動のデザインにとって重要な課題となる。

　③ ボランティアを活かす

　公共圏の意義（第4章）を大切にすべきである。社会課題の解決に率先して取り組むべきNPOが収益志向に流れやすい今日，テーマや地域に応じて多様な公共圏を形成してNPOを引き込み，NPOがそこでの討議と合意形成を通じて，社会課題の解決に向けた政策提言やネットワーク形成を実現できるよう促すためである。

　社会課題の解決をめざす市民が，そのようなNPOを通してボランティア活動を始めるかもしれない。ボランティア概念の広範化によって各方面に存在するボランティア関係の人々や組織――つまり行政職員，CSRに取り組む企業，社会的企業，一般市民・国民など――も公共圏に参加し，それを舞台として，社

会課題をめぐる討議と合意形成が社会全体で活発になればよい。このような公共圏の活性化のため，各種の中間支援組織と法制度の充実が期待される。

さらにいえば，第1章でも指摘した市民参加の思わぬ落とし穴―つまり，自発的な社会参加が矛盾に満ちた社会システムに包摂される可能性―を防止するためにも，公共圏のような開かれた「討議空間」は有用である（筆者は市民参加の「落とし穴」に警鐘を鳴らす諸論理を〈参加の陥穽〉論と総称している：『ボランティア活動とおとなの学び』学文社，2011年）。

〜〜〜〜〜〜

以上のように，青少年段階で批判的思考の力を培うとともに，それをもとに課題解決型学習としてのボランティア活動を活発化させること，さらにそれらを促すための学習支援のしくみを整備することが必要である。そして，開かれた討議と合意形成の空間としての公共圏の醸成が重要であり，それを後押しするための中間支援組織や法制度を整備する必要がある。社会課題の解決に取り組むボランティア活動を活性化させるためのデザインにとって，上記のようなことが大切なポイントとなる。

このように考えてくると，ボランティア活動のデザインとは，ボランティア活動のための直接的な手立てにとどまらず，そのための環境全体を構想して社会全体のしくみを設計していくことまでがその課題となる。そのような意味では，社会設計（ソーシャル・デザイン）の視点が必要だといえるだろう。

参考文献
田中弥生『市民社会政策論―3・11後の政府・NPO・ボランティアを考えるために』明石書店，2011年
仁平典宏『「ボランティア」の誕生と終焉―〈贈与〉のパラドックスの知識社会学』名古屋大学出版会，2011年
田中雅文「社会課題型学習の展開―地域における成人の学習を中心に」国立女性教育会館『NWEC実践研究』第3号，2013年

特 講
災害復興におけるボランティア

本章のキーワード
緊急復興支援の専門 NPO ● コーディネート（調整）● ボランティア派遣
社会福祉協議会 ● 災害ボランティア ● ボランティアバス

1 JEN（ジェン）の活動事例
——「新しい未来」をボランティアとともに——

1 災害復興におけるボランティアの位置

　災害復興の現場では，さまざまな背景の人がかかわっている。その中心は被災地に住む住民自身だが，被災地の外からも多数のボランティアが集まる。

　災害直後，行政は人員不足のなかで多忙を極めているため，各地から集まったボランティアがそれぞれ思うままに行動しはじめると混乱が生じる。物資も人も足りない状況から，次第に物資があふれて人が押し寄せる状態へと移行するため，それぞれがコーディネート（調整）されなければ，ただ物資と人があふれ続ける状態になる。「足りないところに足りないものを」という，ニーズと支援をマッチングさせる役割が重要になる。

　しかし，緊急時の混沌とした状況は，時間の経過とともに落ち着きはじめる。そして，メディアの関心が薄れるころ，ボランティアの数は目に見えて減少する。支援活動に対する関心がうすれ，活動資金の確保が困難になるのもこのころだ。いっぽう，残された被災地の人々は，ようやく復興に向けて気持ちが前向きになる。そして，これから長く続く復興の道のりを歩み始める。

　「被災地を災害前に戻すのではなく，『新しい未来像』を県外から来たボランティアとともに描く」。そこにこそ，新しい夢と希望の未来へのヒントがあり，

そのプロセスこそが，災害復興の道のりなのではないか。めざすビジョンが見えてこそ，つらく厳しい日々のなかでも前を向き，希望をもちながら歩き続けることができるのではないだろうか。

復興への作業は，つらく悲しい経験をしながら気丈に乗り越えようとしている被災地の人々だけで行うのはむずかしい。「彼らの力になりたい」と各地から現地に足を運ぶボランティアの励ましと存在が，被災地の人々の心にゆっくりと灯をともしていく。そのプロセスをNPOが側面からサポートする。

2　緊急復興支援の専門NPOとしてのJEN

JEN（ジェン：Japan Emergency NGO）は，「災害や紛争などが起きた地域で，緊急・復興支援を行うNPO」として国税庁に認定された「認定NPO法人」である。世界各地のどこの現場においても，緊急時から長期的な視野をもって，人々の自立を支える支援を行っている。これまでに20カ国，現在はアフガニスタン，パキスタン，イラク，ヨルダン，スリランカ，南スーダン，ハイチ，日本（東北）の8カ国で活動を行っている。

災害復興の現場では，さまざまな背景をもった個人・団体が，「被災者の力になりたい」との思いを胸に現地に集まってくる。重要なのは，特定の地域ばかりに支援を集中させず，支援の届かない地域を発生させないことだ。そのために，JENがたずさわる海外の緊急支援では「調整会議」を行う。調整会議では，被災国全土の被災状況から安全確保のための治安情報までを共有する。さらに，食糧・医療・水衛生・教育・住宅など支援分野別の調整会議もある。国際機関，地元行政や国内外のNPOなど，支援にたずさわる組織が参加している。ここでは，日本におけるJENの支援活動を2つ紹介する。

3　新潟県中越地震での緊急・復興支援

JENが日本で初めて支援活動を行ったのは，2004年10月に起きた新潟県中

越地震（以下，中越地震）のときである。このときは，ボランティア派遣を中心に活動を行った。緊急時のボランティア派遣では，支援を受ける側と支援を行う側の双方への十分な対応が重要だ。支援を受ける側には，農村の高齢者も多く，「『ボランティア』が何かよくわからない」「知らない人に家に入ってもらうのは困る」などと，ニーズがあっても申し出を遠慮することが多い。まずはJENのスタッフが信頼関係を築き，「相手が信用できるボランティアであること」「ちょっとしたことでも手伝ってもらえること」を伝え，ニーズを確認していくことが重要である。

　支援をする側にも，「無断で写真を撮らないこと」「被災者の気持ちを考えて言葉遣いに気をつけること」など，信頼に応える活動ができるような心構えを培うことも重要だ。支援に行くとお茶やお菓子を出してくれることもある。そのような場合，「被災者の生活は大変だから」と，やみくもに遠慮するのではなく，お礼の気持ちに応えてほしい。被災者はいつも支援を受けるばかりで心苦しく感じていることも少なくなく，誰かの役に立てる，喜んでもらえることが，彼らの幸せにつながるのだ。

　当初は，震災で散らかった住宅の片づけやゴミ出しなどが主だった。その年は例年にない大雪だったため，雪掘りボランティアも派遣した。その後，実はこの災害が，もともとこの地域で問題になっていた「過疎化」に拍車をかけていることを知った。それまでは，被災した人々が支援に依存してしまわないように，災害に対する支援では「被災前よりもよい状態にしない」ことに気をつけてきた。しかし，中越地震の被災地の自立支援を考えたとき，根本の要因である過疎化への対策なくしては復興できないと判断したのだ。

　JENが廃校を改修してボランティアの拠点をつくったのは，十日町の池谷・入山という集落である。中越地震をきっかけに3世帯が集落を離れ，残されたのはわずか6世帯になっていた。「もう村をたたむしかない…」というあきらめが，「集落を存続させたい！」という気持ちに変わったのは，各地から足を運んだボランティアの貢献によるところが大きい。

　池谷・入山は，震災支援をきっかけに，よそ者であるボランティアを受け入

れるというリスクに挑戦した。村の平和をかき乱されるリスクをあえて受け入れた集落に，集落の魅力の虜となったボランティアは訪れつづけ，ついに人口増加を果たしてしまう。ボランティアたちが相次いで移住を始めたのだ。

　ボランティアは，地元の人にとって当たり前だった風景に，「この自然がすばらしい！」と感動した。毎日食べている米を「こんなにおいしいお米，食べたことない！」と喜んだ。それが，励ましとなり，自信となり，集落の価値の再発見につながった。その後，JEN は 2010 年 11 月まで支援活動を行った。

　今，この集落は希望に溢れ，2012 年 4 月には住民自身が NPO 法人を設立。新しいビジョンを打ち出し，若者を惹きつけている。70 歳を超えたおじいちゃんが 30 年以上未来のビジョンを語り，「震災があってよかった」と言う。

4　東日本大震災での緊急・復興支援

　東日本大震災は，JEN にとっても未曾有の出来事だった。震災直後から数カ月にわたり，電話は朝から夜まで鳴りっぱなし。日本国内はもちろん，世界中から寄付の申し出やボランティア受け入れの問い合せがあとを絶たなかった。週末も交替で出勤して対応し，東京にある本部事務局は，サポートに駆けつけてくれたボランティアであふれかえっていた。

　JEN は震災直後の 2011 年 3 月 13 日にスタッフを被災地に派遣して以来，宮城県石巻市を拠点に支援活動を実施している。緊急時には，支援物資配布，避難所運営，ボランティア派遣などの支援を行った。現在は，復興支援として，交流支援，コミュニティ再建支援，生計回復支援の 3 つの柱で活動している。

　出動直後には，被災地でのボランティアの受入・派遣はしなかった。まずスタッフが現地に赴き，状況調査，ニーズ調査を行いながら素早く緊急ニーズに応えた。いっぽう，本部（東京）に集まってくれたボランティアには，主に突発的に発生した事務作業をお願いした。スタッフとともに緊急支援物資の調達先を探したり，広く一般市民へ物資提供を呼び掛けた際には，物資が集まる倉庫での仕分け作業，それを現地に運ぶための運搬作業などもボランティアが

行った。

　4月に入り，被災地でボランティアを受け入れる環境が整うと，まず炊き出しボランティアの募集をはじめた。JENは場所を住民と調整し，ボランティアは長期滞在するためのテントや食材を自分たちで確保し，材料や炊き出し道具一式を持参した。続いて，JENはガレキの撤去や家屋からの泥だしなどの作業にたずさわるボランティアを募集し，作業に必要な一輪車やスコップ，長靴，ゴム手袋などを調達して現地に届けた。これらのツールは，のちに全国から石巻に集まる数千名のボランティアが活用することになり，街全体の大掃除のスピードアップに貢献することになった。

　2011年のゴールデンウィークから夏休みにかけて，断るほどのボランティア志願があったものの，1年後には定員を下回る日も目立つようになった。その一方で，活躍しているのが企業派遣の社員ボランティアだ。まとまった人数のボランティアが平日，週末を問わず，定期的に派遣されて現地ニーズに応えている。

　道路からがれきや泥がなくなり，壊れた船や車が取り除かれて空き地となった空間に野草が目立つようになった今，JENが行う交流支援，コミュニティ再建支援，生計回復支援では，20人の石巻出身スタッフが，「住民自身の手で描く未来」に向けて，時間をかけて自立のための支援を続けている。

5　ボランティアへの期待

　今，そしてこれから東日本大震災の被災地でのボランティアに期待されていることは，これまでのように「人手としての支援」を続けるのではなく，被災地の人々を「応援」していくことである。現地を訪れ，地元の方と話すのでもいい，現地まで行けない人は地元で，現地で行われている活動を伝えたり，活動資金の面で協力することでもいい。

　また，現地を訪れた際には，ガレキを片づけるなどの「してあげる」のではなく，おいしい牡蠣をふるまってもらうなど「してもらう」ことも重要である。

ずっと「してもらってきた」被災者の人々は、「何かしてあげる」ことができることが歓びだ。支援のお礼を何かのかたちで、と思っている。「ありがとう」と言われるのではなく、現地の人々に「ありがとう」を伝えてほしい。

JENでは継続してボランティア派遣を行っているが、それとは別に「浜へ行こう！」という漁業体験をメインにした活動も始めた。ぜひ、気軽に参加してほしい。楽しみながらよそ者として地域づくりに参画してほしい。これもボランティアだ。そして、継続的にかかわってほしい。外部の人間だからこそ気づく現地のよさを周囲に伝え、内からのアイデアを引きだす。大事なのは、「考えて実行するのは住民自身」ということを忘れないこと。

現地に行かなくてもできる最大のボランティアは、「忘れない」こと。日々の生活のなかで、時に思い出し、被災した人々の思いに寄り添う。それは、自分の生き方や価値観の再認識など、人としての成長にもつながるはずだ。ボランティアは誰か特別な人がすることではなく、「誰かのために何かしたい」「役に立ちたい」という思いを、自分のできる範囲で実現することである。「自分にできることは何か」と考え、気軽に活動に参加してほしい。

② 宇都宮市災害ボランティアセンターの活動事例

1 宇都宮市災害ボランティアセンターと災害ボランティア

東日本大震災は宇都宮市でも震度6強を記録し、とくに市内東部を流れる鬼怒川沿いに位置する白沢地区や清原地区では、屋根瓦の落下や住家を囲む大谷石造りの塀が倒壊するなどの被害があった。ホームセンターや洋品店でもガラスや店舗の壁が大きく破損するなどして営業できなくなるなど、市内各所に甚大な被害をもたらした。

宇都宮市社会福祉協議会では宇都宮市からの要請（宇都宮市地域防災計画には、災害時のボランティアの一元的な受け入れのため災害ボランティアセンターを設置することと、その運営を宇都宮市社会福祉協議会が行うことが明記されている）を

受け，震災発生から5日後の2011年3月16日に災害ボランティアセンターを設置し，2012年3月31日まで活動を行った。この間のボランティア登録者は842人，実際の活動者は延べ417人であった。

2　災害ボランティアの役割と可能性

　災害ボランティアは「被災者支援」という最大の使命のために活動し，大きな役割を果たした。主な活動内容は，倒れた塀の片づけ，崩れ落ちた屋根瓦の集積，室内の整理，避難所の支援（物資の仕分け，子どもの遊び相手，炊き出し，スタッフ補助），救援物資の積込み・運搬，福祉避難所での傾聴などである。そのほか間接的な支援として，義捐金や物資の寄付に関する問い合わせへの対応も多数あった。

　初めて顔を合わせたボランティア同士のコミュニケーションも良好で関係性もよく，支援活動中もお互いに声をかけあい手際よく活動している様子が見受けられた。また，被災住民との会話を通じて心の支えや不安感を解消するという役割も果たした。東日本大震災では大きな余震が連日続き，ボランティアによる支援対象となった一人暮らしの高齢者宅などでは不安を訴える人もいた。そうした人にとってボランティアの存在は，「人とのつながり」を感じ得る機会となった。

　さらに，災害ボランティアセンターを運営していた私たちスタッフ（社会福祉協議会職員）もボランティアに救われた。幾度となく繰り返してきた災害時を想定した"訓練"と"生の現場"は大きく異なっていた。異なっていたというよりも，冷静でいられないことから自ら異なるようにしていた。「焦り」「不安」「情報の不足」などマイナスの要素しかないといっても過言ではないなかにあって，ボランティアはいたって冷静に運営側スタッフを見ていた。

　運営3日目までは，夕方の反省会に一部のボランティアも残ってスタッフの輪のなかに入った。そこでさまざまな感想やアドバイス，そして何より笑顔をいただいた。何気ない一言や笑い話などボランティアの存在にスタッフが救わ

れた。災害ボランティア活動は被災者支援が一番の目的だが，災害ボランティアセンターに勤務するスタッフにも被災者がおり，センター運営を通じて「人の支えやつながり」の"ありがたみ"を強く実感した。

"人"は，他者から必要とされ，感謝され，自分の存在価値に気づき，成長していく。普段は意識しないこの成長のプロセスを，ある一定の短期間でもボランティア活動を行うことで感じ得る効果があると確信できた。

災害ボランティア活動の様子

3 ボランティアバスと災害ボランティア

(1) ボランティアバス実施の背景と流れ

災害ボランティアセンター設置からおおむね1週間で宇都宮市内での活動は落ちつき支援依頼も減少したことから，ボランティアが活動する場も減りつつあった。そこで，ボランティア活動希望者には一旦「登録」していただき，支援依頼があった際に連絡し活動していただくという方法で運営した。

震災発生から1カ月を過ぎたころには，県内の市町社会福祉協議会やNPO団体などでバスをチャーターし，宮城県などの被災地にボランティアを送り出すという「ボランティアバス」の運行が始まった。ボランティアバス実施の背景として，「東北地方被災地の復興を支援する」「ボランティアの想いをつなげる，届ける」「ボランティア活動の場をつくる」の3つがあげられる。宇都宮市社会福祉協議会としても，842名のボランティア登録者という大きなパーソナルパワーがあったことから，宮城県の被災地に向けたボランティアバスを実施した（石巻市へ2回，七ヶ浜町へ4回，計6回）。

(2) ボランティアバス運行の効果

ボランティアバス運行の効果としては，①活動未経験者でも，ほかの参加者（仲間）がいることで安心して参加できる，②長距離移動の負担（体力，資金）が軽減される，③被災地の交通渋滞が緩和される，④被災地災害ボランティアセンターでのマッチングが行いやすい，⑤（活動の経験者がいることで）事前説明や地理案内，注意事項など主催団体の負担が軽減される（運営側として協力を得られる），⑥同じ想いや目的をもったボランティアが集まる「場」となるなどがあげられる。これらにより，各個人での参加に比べて主催団体の理解者，継続的な支援者・協力者としてのつながりを構築しやすくなった。

ボランティアバスは同じ思いをもった参加者が集まることから，参加者同士

ボランティアバス参加者の活動の様子

表2.1 運営の工夫と改善

	グループ編成	工夫・改善点	課題など
1回目	・社協職員1名 ・参加者		・現地に着いてからグループ分けを行ったため時間をロスした。
2回目	・社協職員1名 ・活動経験者2名 ・初めての参加者	・活動経験者にグループリーダーとサブリーダーを担ってもらい，グループメンバーへの声かけ役を担ってもらった。 ・活動後にボランティア登録を呼びかけた。	・連絡事項が全員に行きとどくための配慮がなかった。 ・活動後のふり返りを別日に行ったことで参加者の負担になった。
3回目		・連絡事項がある際は全職員とグループリーダーを集め，情報共有とグループメンバーへの伝達を担ってもらった。 ・往復の車中もグループごとに着席するよう座席表を作成した。	・活動後の参加者との継続的な関係性をつくる場が必要。
4回目			
5回目			
6回目			

のコミュニケーションをはかりやすい。そこで，宇都宮市社会福祉協議会では，「参加者同士のコミュニケーションと仲間づくり」「活動の効率化」「支援活動時の連絡漏れを防ぎ，ボランティアの安全を確保」を目的とし，活動経験者には初めての参加者への声かけや伝達の役を担ってもらう，活動後にボランティア登録を呼びかける，サブグループをつくって車中はグループごとに着席してもらうといった工夫をしながら運営した。

(3) ボランティアバスの役割と可能性
① ボランティア活動の動機

支援活動実施後のアンケート結果によると，今回の支援活動の参加動機は，「困っている人の力になりたい」という「自発性・自主性」が非常に大きな割合を占めていた。その共通する想いがボランティアバスという1つのツールによって多くのボランティアを結集させたのである。一部では参加（活動）に対する不安もあったようだが，一人ではなく仲間がいるという安心感も参加しやすい環境の要因といえる。

また，「ボランティアは楽しいから」という感想も目を引く。災害時の支援活動は，災害が発生し被災した人がいるという客観的事実によって「活動の場」がつくられる。「楽しい」という言葉は語弊を招くかもしれないが，ボランティア活動を楽しむことは達成感や充実感・有用感を得るためにも必要な言葉なのである。ボランティア活動によって得ることができる「ご褒美」といえる。

② 活動後の参加者の変化

今回のボランティアバス運行では，参加者から運営上の課題を聞き取り，随時改善しながら実施した。実施の最も大きな目的は「被災地の支援」であるが，あくまでもボランティア活動である。その基本を見つめ直すとともに，「参加者同士の関係性をつくる，深める」「社会福祉協議会の理解者，協力者を増やす」といった要素も含めた取り組みが運営側には必要だった。

参加者の事後アンケートでは，「人と人のつながりを再認識した」ことや，

「ありがとう」の言葉の重みを改めて感じたといった趣旨の感想が多くあった。ボランティア活動は自発性・自主性が基本である。しかし活動の先には必ず"人"がいる。その"人"とは，支援する相手であったり仲間であったりさまざまだが，ボランティア活動には100パーセント"人"がいるのである。「ありがとう」という言葉（感謝の気持ち）は，ボランティア活動の達成感や充実感・有用感につながるのである。「人は人から学び育てられる，相互に学び育てあう」のではないだろうか。

4　災害ボランティア活動の課題

　東日本大震災によって初めて経験した災害ボランティアセンターの運営は，失敗と反省の連続だった。私たちスタッフが冷静な対応ができず対処療法の運営になってしまった。

　また，当初は支援活動後のふりかえりも十分に行うことができなかった。そのため，こうしたボランティア参加者を，理解者から協力者さらにはリーダーとなってもらうための「継続的な顔の見える場づくり」ができなかった。

　ボランティアバスの運行においても，事前学習に支援当日と同じくらいの労力をかけたが，ふり返りやボランティアに対する活動後のフォローが弱かったといえる。さらに，「仲間づくりの場」になるという効果をあげるためには，活動終了後，参加者が継続的に集まれるような場やグループ化などの工夫も必要となるだろう。

資　　料

資料1．ボランティア活動の実態

　　出所：総務省統計局「平成23年社会生活基本調査」（調査時点：2011年10月20日）

　同調査の調査票では，ボランティア活動とは次の要件を満たすものと定義されている。①自発性（自らの意思に基づく行動），②貢献性（他の人々や社会の福利の向上を目的とした行動），③無償性（労働の対価（報酬，賃金など）を目的としない行動）。なお，活動のために交通費など，実費程度の金額の支払いを受けても報酬とみなさず，その活動はボランティア活動に含めるとしている。さらに，「ボランティア活動」は，「もっぱら他人や社会のため」に行うもので，宗教活動，政治活動，消費者運動，市民運動，権利主張や政策提言型の運動は，ボランティア活動には含めないとしている。ボランティア団体が開催する催物などへの単なる参加も，個人の楽しみとしての「趣味・娯楽」，「スポーツ」などに当たり，「ボランティア活動」には含めないとしている。本調査は，上記のような条件を設定したうえ，過去1年間におけるボランティア活動の経験を訪ねたものである。

（1）　ボランティア活動の実施率

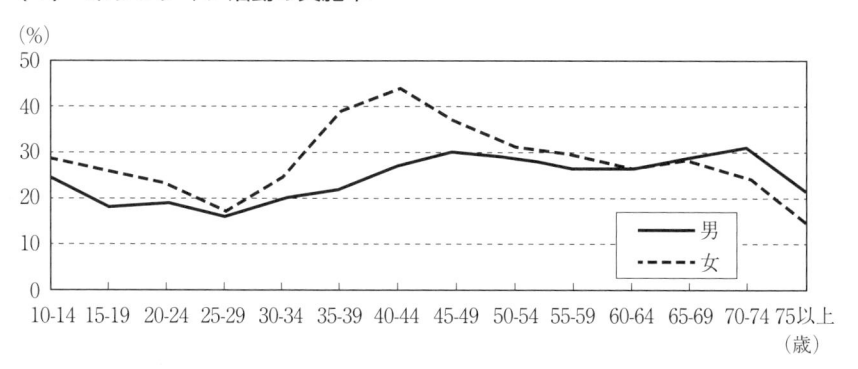

（２） ボランティア活動の内容

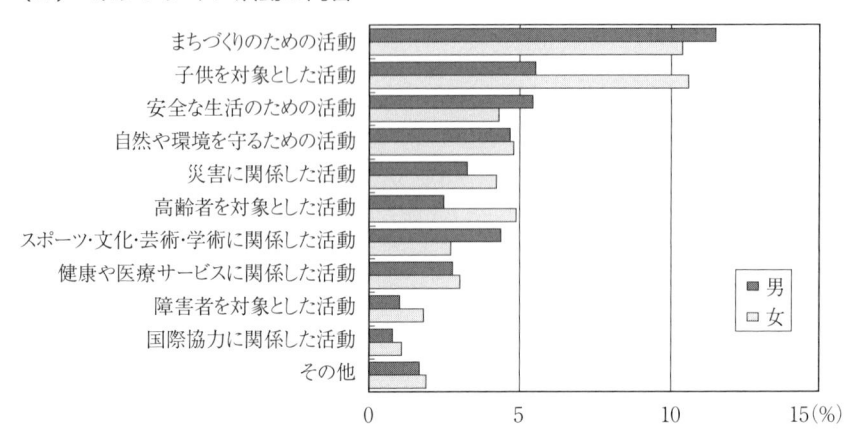

（３） 震災に関係したボランティア活動の実施率

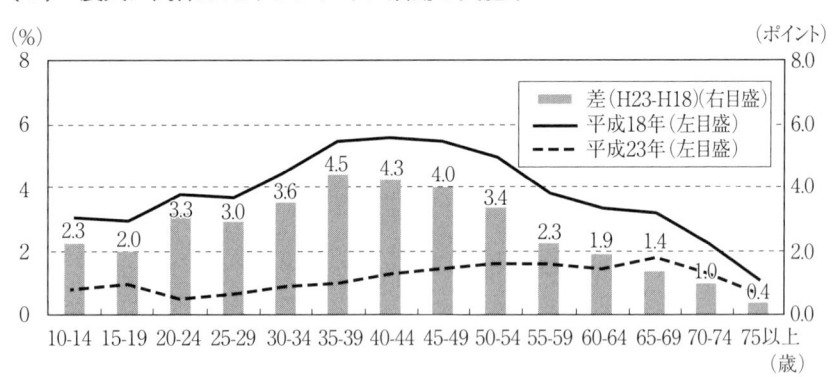

（４） ボランティア活動の種類別平均行動日数

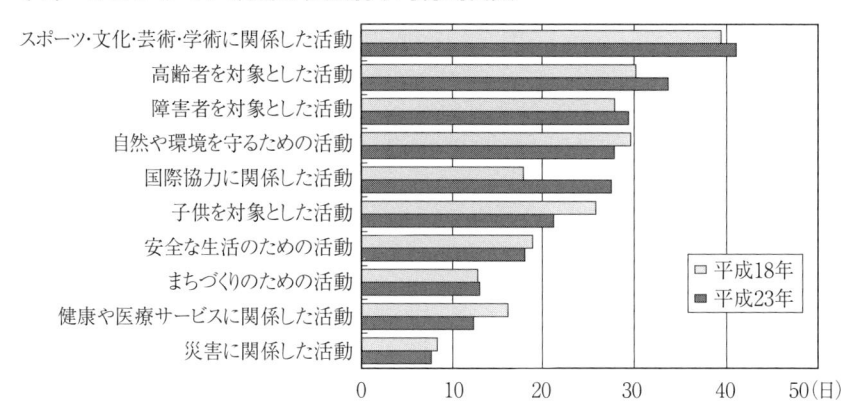

活動の種類	平成18年	平成23年
スポーツ・文化・芸術・学術に関係した活動	40	41
高齢者を対象とした活動	30	34
障害者を対象とした活動	28	29
自然や環境を守るための活動	30	28
国際協力に関係した活動	18	28
子供を対象とした活動	25	21
安全な生活のための活動	19	18
まちづくりのための活動	13	13
健康や医療サービスに関係した活動	16	12
災害に関係した活動	9	9

（５） ボランティア活動の形態別行動者率

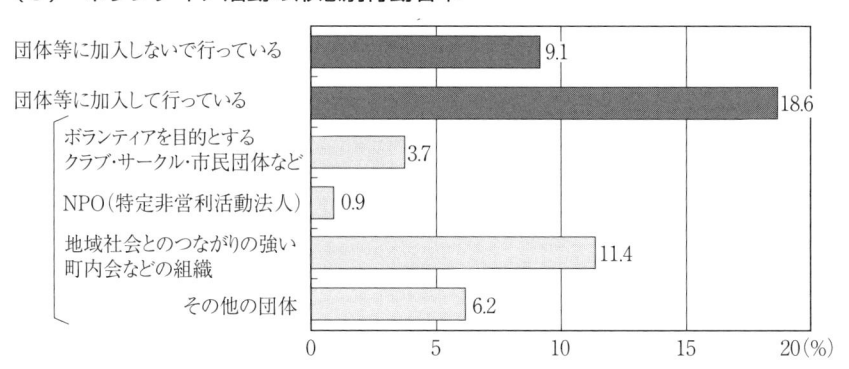

形態	（％）
団体等に加入しないで行っている	9.1
団体等に加入して行っている	18.6
ボランティアを目的とするクラブ・サークル・市民団体など	3.7
NPO（特定非営利活動法人）	0.9
地域社会とのつながりの強い町内会などの組織	11.4
その他の団体	6.2

注：複数回答あり

（6） ボランティア活動の都市階級別行動者率

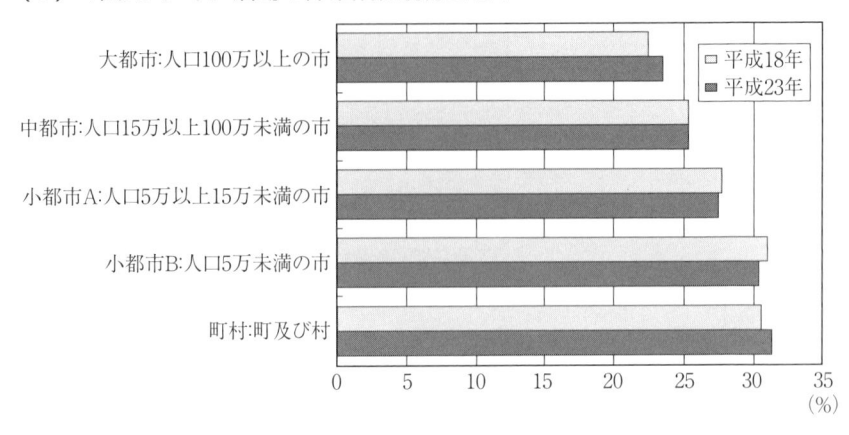

（グラフ：大都市:人口100万以上の市／中都市:人口15万以上100万未満の市／小都市A:人口5万以上15万未満の市／小都市B:人口5万未満の市／町村:町及び村、平成18年・平成23年別）

資料2．ボランティアの意識―国民生活選好度調査―

　　出所：内閣府国民生活局「国民生活選好度調査」（調査期間：2012年3月21～30日）

　本調査では，ボランティア活動等を「ボランティアやNPO活動，市民活動」と表現し，これらに対する参加の意識を尋ねている。ここでは，これらを便宜的に「ボランティア活動等」と表記する。

（1） 今後自ら参加することに対する意向

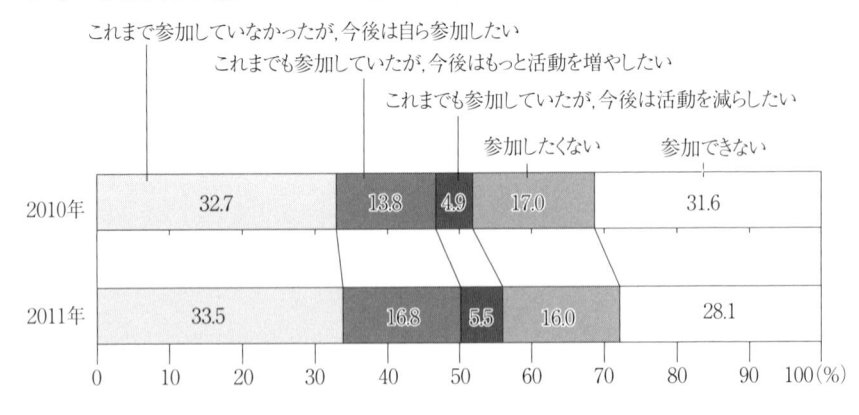

凡例：これまで参加していなかったが,今後は自ら参加したい／これまでも参加していたが,今後はもっと活動を増やしたい／これまでも参加していたが,今後は活動を減らしたい／参加したくない／参加できない

年	これまで参加していなかったが,今後は自ら参加したい	これまでも参加していたが,今後はもっと活動を増やしたい	これまでも参加していたが,今後は活動を減らしたい	参加したくない	参加できない
2010年	32.7	13.8	4.9	17.0	31.6
2011年	33.5	16.8	5.5	16.0	28.1

(2) ボランティア活動等に参加している理由

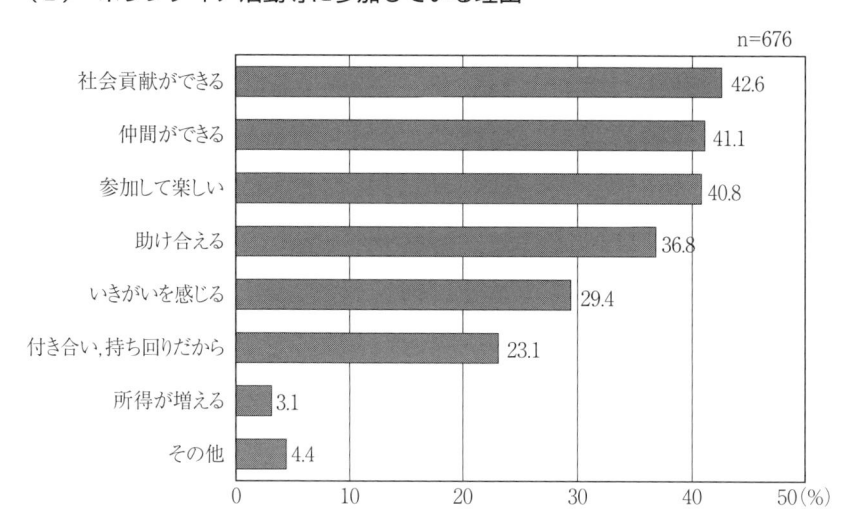

n=676

理由	%
社会貢献ができる	42.6
仲間ができる	41.1
参加して楽しい	40.8
助け合える	36.8
いきがいを感じる	29.4
付き合い，持ち回りだから	23.1
所得が増える	3.1
その他	4.4

(3) ボランティア活動等への参加を円滑にするために必要な環境整備

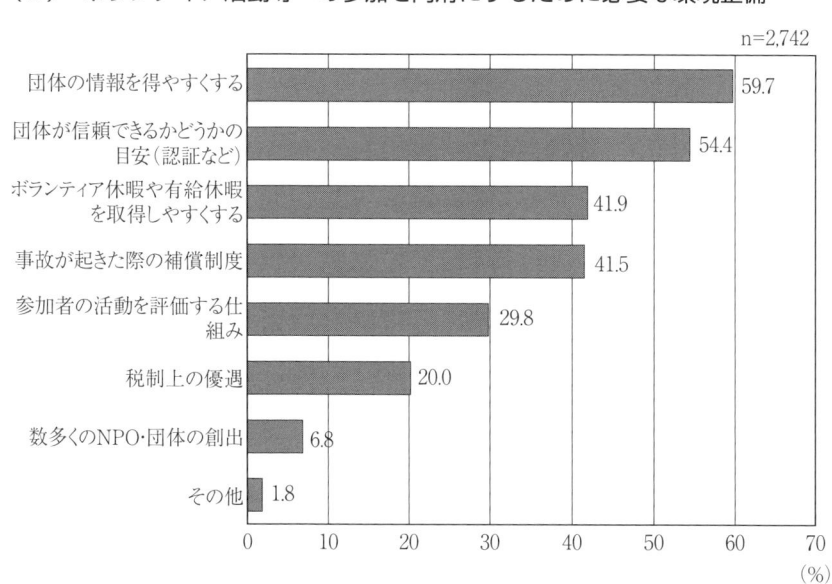

n=2,742

環境整備	%
団体の情報を得やすくする	59.7
団体が信頼できるかどうかの目安（認証など）	54.4
ボランティア休暇や有給休暇を取得しやすくする	41.9
事故が起きた際の補償制度	41.5
参加者の活動を評価する仕組み	29.8
税制上の優遇	20.0
数多くのNPO・団体の創出	6.8
その他	1.8

資料3．ボランティアの意識―社会福祉関係者調査―

出所：社会福祉法人全国社会福祉協議会「全国ボランティア活動実態調査報告書」（調査時点：2009年9月末）

　ここで取り上げるデータは，同協議会が市区町村社協及び関係団体を通じて紙媒体によるアンケート調査を行った結果であり，社会福祉関係者が行うボランティア活動実態を表したものである（同報告書8頁，11頁より）。したがって，国民全体の傾向を表すものではないものの，資料2であげた調査に比べて意識に関する項目やカテゴリーが豊富なので，参考までに掲載する。

（1）　ボランティア活動に参加した動機

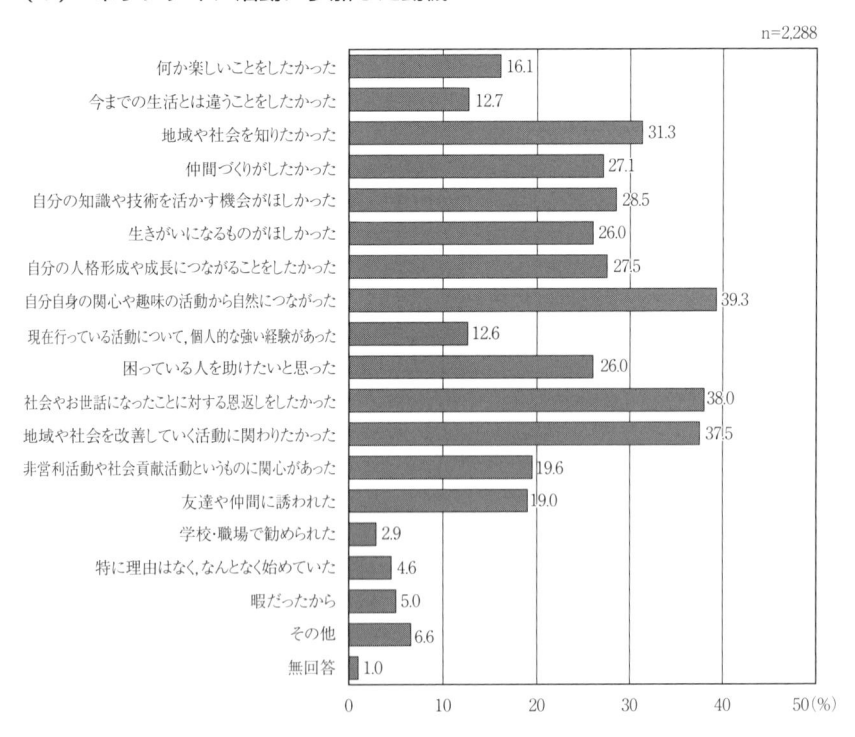

n=2,288

項目	%
何か楽しいことをしたかった	16.1
今までの生活とは違うことをしたかった	12.7
地域や社会を知りたかった	31.3
仲間づくりがしたかった	27.1
自分の知識や技術を活かす機会がほしかった	28.5
生きがいになるものがほしかった	26.0
自分の人格形成や成長につながることをしたかった	27.5
自分自身の関心や趣味の活動から自然につながった	39.3
現在行っている活動について，個人的な強い経験があった	12.6
困っている人を助けたいと思った	26.0
社会やお世話になったことに対する恩返しをしたかった	38.0
地域や社会を改善していく活動に関わりたかった	37.5
非営利活動や社会貢献活動というものに関心があった	19.6
友達や仲間に誘われた	19.0
学校・職場で勧められた	2.9
特に理由はなく，なんとなく始めていた	4.6
暇だったから	5.0
その他	6.6
無回答	1.0

注：複数回答あり

（2） ボランティア活動から得たこと

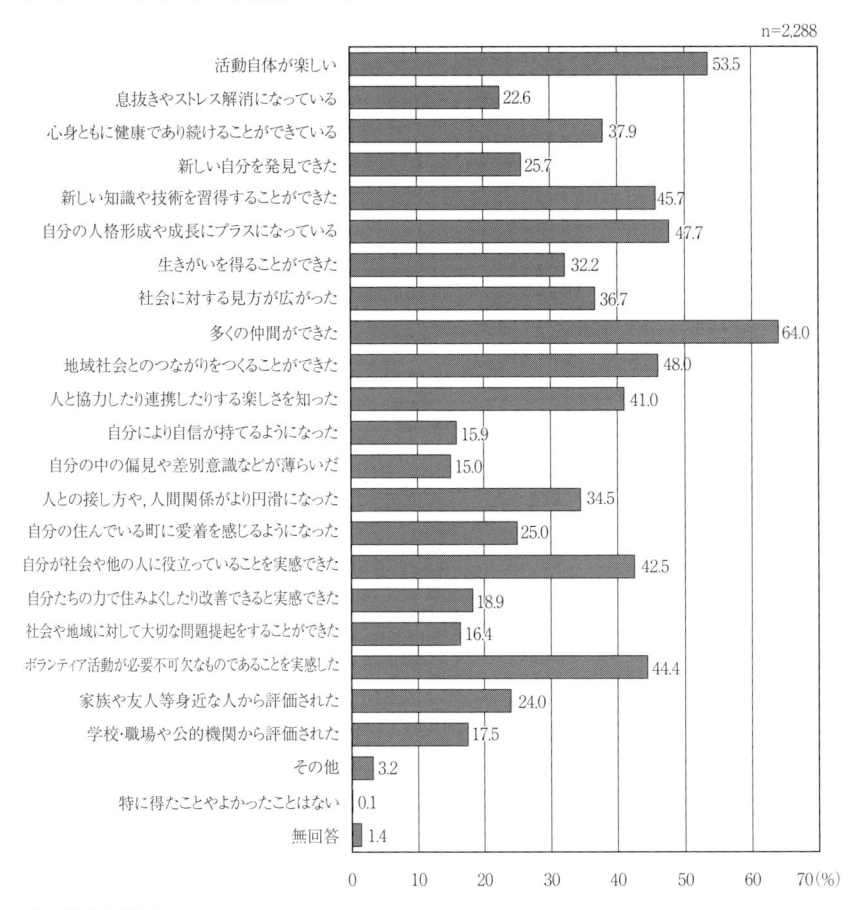

n=2,288

項目	%
活動自体が楽しい	53.5
息抜きやストレス解消になっている	22.6
心身ともに健康であり続けることができている	37.9
新しい自分を発見できた	25.7
新しい知識や技術を習得することができた	45.7
自分の人格形成や成長にプラスになっている	47.7
生きがいを得ることができた	32.2
社会に対する見方が広がった	36.7
多くの仲間ができた	64.0
地域社会とのつながりをつくることができた	48.0
人と協力したり連携したりする楽しさを知った	41.0
自分により自信が持てるようになった	15.9
自分の中の偏見や差別意識などが薄らいだ	15.0
人との接し方や，人間関係がより円滑になった	34.5
自分の住んでいる町に愛着を感じるようになった	25.0
自分が社会や他の人に役立っていることを実感できた	42.5
自分たちの力で住みよくしたり改善できると実感できた	18.9
社会や地域に対して大切な問題提起をすることができた	16.4
ボランティア活動が必要不可欠なものであることを実感した	44.4
家族や友人等身近な人から評価された	24.0
学校・職場や公的機関から評価された	17.5
その他	3.2
特に得たことやよかったことはない	0.1
無回答	1.4

注：複数回答あり

（3） ボランティア活動を行うにあたって困っていること

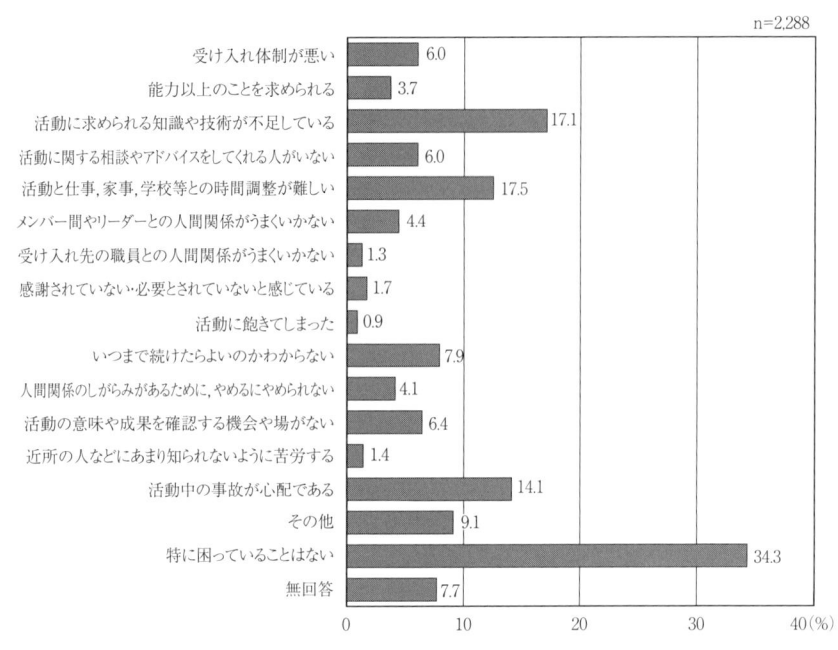

n=2,288

項目	%
受け入れ体制が悪い	6.0
能力以上のことを求められる	3.7
活動に求められる知識や技術が不足している	17.1
活動に関する相談やアドバイスをしてくれる人がいない	6.0
活動と仕事，家事，学校等との時間調整が難しい	17.5
メンバー間やリーダーとの人間関係がうまくいかない	4.4
受け入れ先の職員との人間関係がうまくいかない	1.3
感謝されていない・必要とされていないと感じている	1.7
活動に飽きてしまった	0.9
いつまで続けたらよいのかわからない	7.9
人間関係のしがらみがあるために，やめるにやめられない	4.1
活動の意味や成果を確認する機会や場がない	6.4
近所の人などにあまり知られないように苦労する	1.4
活動中の事故が心配である	14.1
その他	9.1
特に困っていることはない	34.3
無回答	7.7

注：複数回答あり

（4） 望んでいる社会的支援や環境整備

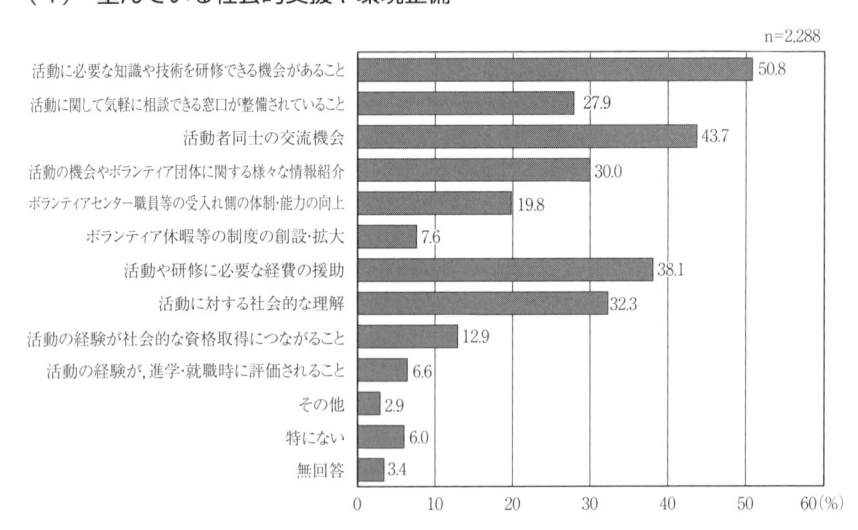

n=2,288

項目	%
活動に必要な知識や技術を研修できる機会があること	50.8
活動に関して気軽に相談できる窓口が整備されていること	27.9
活動者同士の交流機会	43.7
活動の機会やボランティア団体に関する様々な情報紹介	30.0
ボランティアセンター職員等の受け入れ側の体制・能力の向上	19.8
ボランティア休暇等の制度の創設・拡大	7.6
活動や研修に必要な経費の援助	38.1
活動に対する社会的な理解	32.3
活動の経験が社会的な資格取得につながること	12.9
活動の経験が，進学・就職時に評価されること	6.6
その他	2.9
特にない	6.0
無回答	3.4

注：複数回答あり

資料４．国民の社会志向および社会への貢献意識

出所：内閣府大臣官房政府広報室「社会意識に関する世論調査」(1971～2012年調査)

（1）社会志向

社会志向とは「国や社会のことにもっと目を向けるべきだ」、個人志向とは「個人生活の充実をもっと重視すべきだ」という意識。

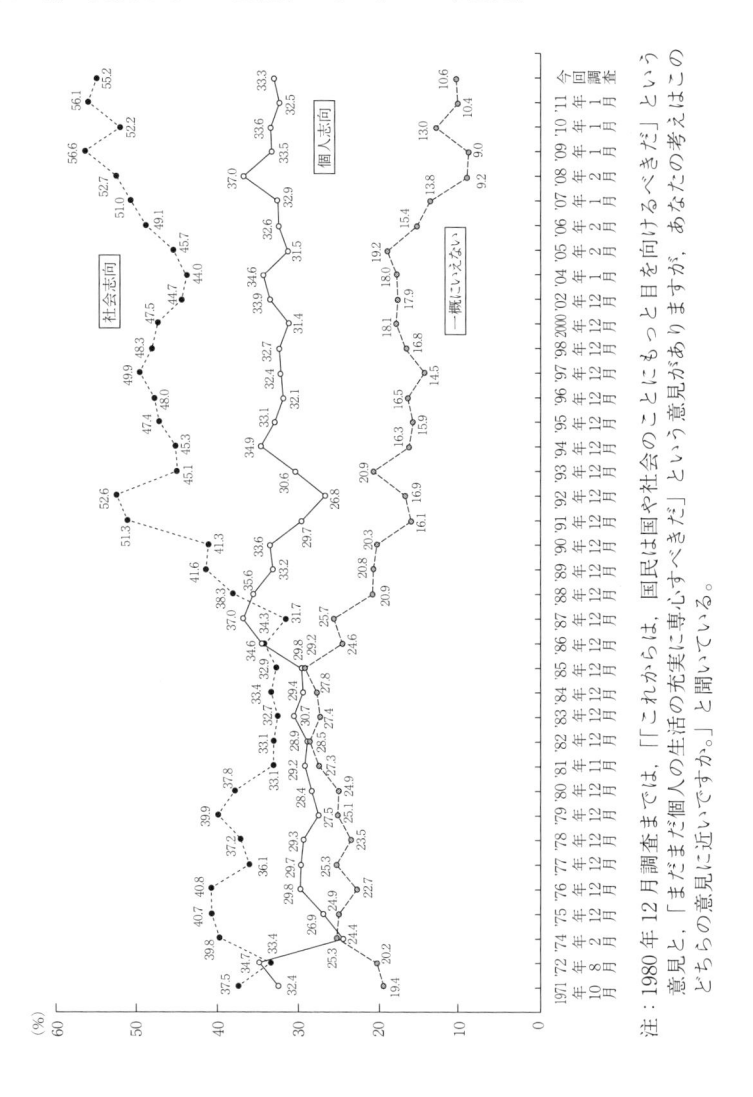

注：1980年12月調査までは、「「これからは、「まだまだ個人の生活の充実に専心すべきだ」という意見と、国民は国や社会のことにもっと目を向けるべきだ」という意見がありますが、あなたの考えはこのどちらの意見に近いですか。」と聞いている。

（2） 社会への貢献意識

「日頃，社会の一員として，何か社会のために役立ちたいと思っているか，それとも，あまりそのようなことは考えていないか」という質問への回答結果。

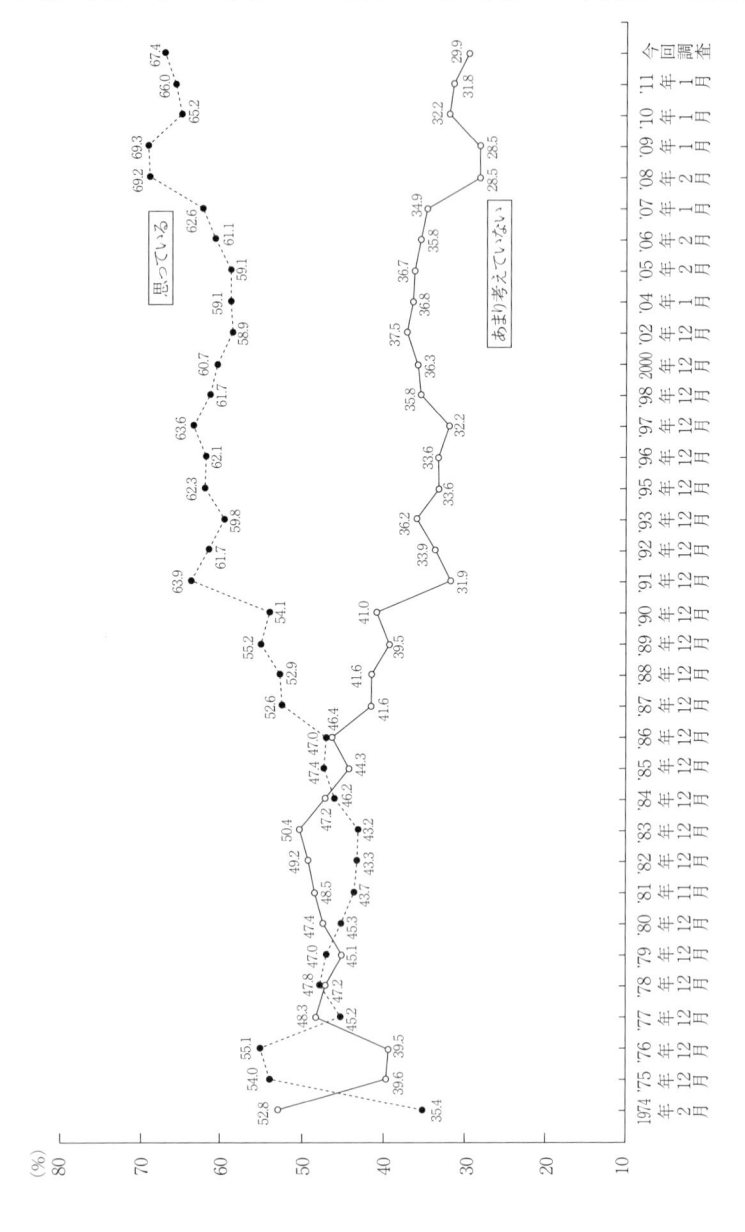

資料5．ボランティアおよびボランティア団体の推移

出所：全国社会福祉協議会地域福祉部／全国ボランティア・市民活動振興センター「地域福祉・ボランティア情報ネットワーク」(http://www.zcwvc.net/ボランティア-市民活動とは-1/ボランティア-市民活動の歩み/＝2013年9月18日)

調査時期		ボランティア団体数	団体所属ボランティア人数	個人ボランティア人数	ボランティア総人数
1980年	4月	16,162	1,552,577	50,875	1,603,452
1984年	4月	24,658	2,411,588	144,020	2,555,608
1985年	4月	28,462	2,699,725	119,749	2,819,474
1986年	4月	28,636	2,728,409	147,403	2,875,812
1987年	4月	32,871	2,705,995	182,290	2,888,285
1988年	9月	43,620	3,221,253	164,542	3,385,795
1989年	9月	46,928	3,787,802	114,138	3,901,940
1991年	3月	48,787	4,007,768	102,862	4,110,630
1992年	3月	53,069	4,148,941	126,682	4,275,623
1993年	3月	56,100	4,530,032	159,349	4,689,381
1994年	3月	60,738	4,823,261	174,235	4,997,496
1995年	3月	63,406	4,801,118	249,987	5,051,105
1996年	3月	69,281	5,033,045	280,501	5,313,546
1997年	4月	79,025	5,121,169	336,742	5,457,911
1998年	4月	83,416	5,877,770	341,149	6,218,919
1999年	4月	90,689	6,593,967	364,504	6,958,471
2000年	4月	95,741	6,758,381	362,569	7,120,950
2001年	4月	97,648	6,833,719	385,428	7,219,147
2002年	4月	101,972	7,028,923	367,694	7,396,617
2003年	4月	118,820	7,406,247	385,365	7,791,612
2004年	4月	123,300	7,407,379	386,588	7,793,967
2005年	4月	123,926	7,009,543	376,085	7,385,628
2006年	10月	123,232	7,211,061	702,593	7,913,654
2007年	10月	146,738	7,585,348	742,322	8,327,670
2009年	4月	170,284	6,687,611	616,478	7,304,089
2010年	4月	173,052	7,414,791	1,104,600	8,519,391
2011年	4月	198,796	7,495,950	1,182,846	8,678,796

注：把握している団体数，人数

6. ボランティア活動の歴史

年	ボランティア活動の歴史	制度・政策や国際機関の動き
1947	・第1回共同募金 ・「日本社会事業協会」設立	
1951	・「中央社会福祉協議会」設立(後の「全国社会福祉協議会」)	
1952	・VYS(Voluntary Youth Socialworker)運動が発祥	
1955	・「全国セツルメント連合会」設立	
1960	・「富士新報福祉事業団」設立(後の「富士福祉事業団」)	
1962	・各地で善意銀行の設置が開始	
1963	・全国社会福祉協議会「ボランティア活動推進都道府県社会福祉協議会職員研究協議会」設置 ・「日本青年奉仕団推進協議会」設立	
1964	・沼津市・三島市・清水町にまたがる石油コンビナート進出計画を住民運動が阻止	
1965	・「ボランティア協会大阪ビューロー」設立(後の「大阪ボランティア協会」) ・「青年海外協力隊」開始	
1967	・「日本青年奉仕協会」設立(2009年解散)	
1969		・国民生活審議会調査部会コミュニティ問題小委員会報告「コミュニティ―生活の場における人間性の回復」(コミュニティ形成にボランティアの活用を提案)
1970		・「国連ボランティア計画(UNV)」創設
1971		・中央社会福祉審議会「コミュニティ形成と社会福祉(答申)」(コミュニティケアの促進を提言) ・社会教育審議会「急激な社会構造の変化に対処する社会教育の在り方」(青少年から高齢者に至る社会奉仕(ボランティア)活動の推進を提言)
1977	・全国社会福祉協議会「ボランティア活動保険制度」発足 ・同協議会「中央ボランティアセンター」設置(後の「全国ボランティア・市民活動振興センター」)	・厚生省「学童・生徒のボランティア活動普及事業」開始
1979	・日本青年奉仕協会「1年間ボランティア計画」(後の「ボランティア365」)開始	

1980	・「日本奉仕センター」設立（後の「日本国際ボランティアセンター」）	・社会経済国民会議「社会福祉政策の新理念―福祉の日常生活化をめざして」発表（日本型福祉におけるボランティア活動の役割を強調）
1981	・「東京ボランティア・センター」設立（後の「東京ボランティア・市民活動センター」）	・経済企画庁国民生活局「ボランティア活動の実態」発表（あらゆる領域におけるボランティア活動をとらえた） ・武蔵野福祉公社「有償在宅福祉サービス」開始（市民が「有償ボランティア」で実践）
1983		・文部省「青少年社会参加促進事業」開始（1985年には「青少年ボランティアバンク」設置） ・総理府「ボランティアに関する世論調査」実施
1984		・環境庁「環境ボランティア構想」発表
1985		・厚生省「ボラントピア事業＝福祉ボランティアの町づくり事業」開始 ・社会教育審議会「社会教育施設におけるボランティア活動の促進について（報告）」
1987	・「NGO活動推進センター」（後の「国際協力NGOセンター」）設立 ・全国社会福祉協議会「住民参加型在宅福祉サービスの展望と課題」発表 ・「社会教育施設ボランティア交流会」発足（2006年に解散）	
1989	・「日本ネットワーカーズ会議」設立	
1990	・経団連「１％クラブ」発足 ・富士ゼロックス「ソーシャルサービス・リーブ（ボランティア休暇）制度」発足 ・「企業メセナ協議会」設立	・アメリカでナショナル・コミュニティ・サービス法施行（サービス・ラーニングについて各種規定）
1991		・郵政省「国際ボランティア貯金」開始 ・文部省「生涯学習ボランティア活動総合推進事業」開始
1992	・さわやか福祉推進センター（後の「さわやか福祉財団」）「ボランティア切符」（後の「ふれあい切符」）全国ネットワーク構想を発表	・生涯学習審議会「今後の社会の動向に対応した生涯学習の振興方策について（答申）」（生涯学習とボランティア活動との関係を明確化）
1993	・「NPO推進フォーラム」設立（後の「NPOサポートセンター」）	・中央福祉審議会地域福祉専門分科会意見具申「ボランティア活動の中長期的な振興方策について」（参加型福祉社会を提言）
1994		・国民生活審議会総合政策部会市民意識と社会参加活動委員会報告「個人の自立と社会参加」（ボランティア活動の経験を評価するシステムを提案）

1995	・「日本福祉教育・ボランティア学習学会」設立 ・阪神・淡路大震災	・18省庁からなる「ボランティア問題に関する関係省庁連絡会議」結成
1996	・「日本NPOセンター」設立	・「かながわ県民活動サポートセンター」設立
1997	・日本海重油流出事故（ナホトカ号重油流出事故）	
1998	・「日本ボランティア学会」設立 ・「日本ボランティア学習協会」設立	・特定非営利活動促進法（NPO法）施行 ・経済企画庁が「アンペイドワーク」の経済価値の試算 ・高等学校でボランティア活動の単位認定
1999	・「日本NPO学会」設立 ・「国際ボランティア学会」設立	・横浜市市民活動推進検討委員会「横浜市における市民活動との協働に関する基本方針」（通称：横浜コード）提案【これをもとに翌年，横浜市市民活動推進条例施行】
2000		・介護保険法施行 ・厚生労働省「勤労者マルチライフ支援事業」開始 ・教育改革国民会議「教育を変える17の提案」発表（奉仕活動の推奨） ・経済企画庁『国民生活白書〜ボランティアが深める好縁〜』刊行
2001	・「日本ボランティアコーディネーター協会」設立	・ボランティア国際年 ・学校教育法と社会教育法に「社会奉仕体験活動」の促進を明記
2002		・イギリスでシティズンシップ教育のナショナル・カリキュラム化
2004	・新潟県中越地震	
2005		・内閣府「ボランティアWEB」設置 ・国民生活審議会総合企画部会報告「コミュニティ再興と市民活動の展開」（コミュニティをエリア型とテーマ型に分けて多元参加型コミュニティを提案）
2007		・東京都立高等学校で必修の教科「奉仕」を設置
2010		・「新しい公共」円卓会議が「新しい公共」宣言を発表
2011	・東日本大震災	・認定特定非営利活動法人（認定NPO法人）制度の発足

索　引

あ行

アイデンティティ　128,133
意識変容　133,136,143
「居場所」　98,100,102
インターンシップ　98,104,114,140
NGO　21,34,39,40
NPO　21,34,39,46,49,50,63,126,134,
　138,142,146,147,149,150
NPO 法　34,39,49,50,143
NPO 法人　21,39,47,50,134
大人の自己形成　65,73

か行

画一性　44,46,52,54,142
学習成果の活用　74,78,128,131
学習　73,74,78,82,88,89,91,93,96,
　104-106,123,130-132,134,141
課題解決型学習　94,138,147,148
学校支援地域本部　65,67-69,72,73,125,
　141
学校支援ボランティア　65,67,69,70,73,
　74,125,141,143
企業の社会的責任（CSR）　108,110,115,
　117,148
企業メセナ　108,110
協働　44,51,52,54,61,71,72,76,78,82,
　84-86,118,123,143
緊急復興支援の専門 NPO　149,150
公共圏　34-36,43,138,147,148
公共性　1-3,8,48,88,108,145
コーディネーター　65,69,71,76,81,118,
　141,142
コーディネート（調整）　69,103,120,149

さ行

サービス・ラーニング　10,87,89,93,95,
　98,104-106,140
災害ボランティア　149,155,156
産学官連携　108,114

CSR　108,110,115,117,148
志願兵　5,23,25
持続可能性　108,110,112
シティズンシップ教育　87,91,92,95,140
自発性　1-7,44,46-48,88,108,142,145,
　158
市民　2,12,13,25,26,36-39,49,91,96,
　141,143,146
市民活動　34,38,43,53,58,143
市民活動センター（市民活動支援セン
　ター）　9,20,42,119,121
市民社会　34-37,39,40-42,126,138,146
市民性教育　105
社会教育施設　71,76-78,84,86,141
社会貢献活動　19,20,28,108,110,112,
　114,117,146
社会性　1,2,4,8,9,110,145
社会的企業　33,108,145,146,148
社会福祉協議会　20,90,116,120,121,149,
　154
住民参加　55,59,60
生涯学習ボランティア　55,58
状況的学習　128,131,132,135,136,143
自律性　44,46,48,142
省察　94,128,133
青少年施設　98,100,102,106,140,141,147
正統的周辺参加　98,106,140
世代間交流　98,101
先駆性　3,8,12,13,145
ソーシャル・キャピタル　55,64,139
ソーシャル・デザイン　138,148

た行

多様性　2,12,15
知の循環型社会　65,74
チャリティ　23,25,26,31,145
中間支援組織（中間支援機関）　21,119,
　121,125,126,142,147,148
調整（コーディネート）　69,103,120,149

当事者　12,13,140
特定非営利活動促進法（NPO法）　34,39,49,50,143
特定非営利活動法人（NPO法人）　21,39,47,50,134

【は行】

非営利団体（NPO）　21,34,39,46,49,50,63,126,134,138,142,146,147,149,150
批判的思考　138,147,148
フィランソロピー　19,23,25,27,33,145
福祉教育　87,89,95,140
福祉国家　23,31,32,45
ふり返り　7,82,94,96,102,105,106,128,132,133,141,159
ベヴァリッジ報告　23,32
法規範　44,46,47,52,142

ボランティア学習　87-89,95-97,140,145,147
ボランティアコーディネーター　20,119,121-124
ボランティアセンター　9,20,21,42,119-122,124,126,154
ボランティア派遣　149,151,152
ボランティアバス　149,156-159
ボランティアマネジメント　119,123,141

【ま行】

まちづくり　52,55,57-60,131,139
学び　57,76,77,81,85,86,88,93,96,97,102,106,118,123,128-132,134,136,137,143,144,147,159
無償性　1-3,10,38,88,108,145
有償サービス（有償ボランティア）　34,38

[編著者]

田中　雅文（たなか　まさふみ）

日本女子大学人間社会学部教育学科教授，博士（学術）
専攻：生涯学習論，社会工学
著書：『拓きゆく生涯学習』（共編著，学文社，1995年），『小学生（中学生）にボランティア・スピリットを育てる』（共編著，明治図書，1997年），『社会を創る市民大学──生涯学習の新たなフロンティア──』（編著，玉川大学出版部，2000年），『「民」が広げる学習世界』（共編著，ぎょうせい，2001年），E. ハミルトン著『成人教育は社会を変える』（共訳，玉川大学出版部，2003年），『現代生涯学習の展開』（単著，学文社，2003年），『テキスト生涯学習──学びがつむぐ新しい社会──』（共著，学文社，2008年），『ボランティア活動とおとなの学び──自己と社会の循環的発展──』（単著，学文社，2011年）など

廣瀬　隆人（ひろせ　たかひと）

北海道教育大学釧路校教職大学院教授
専攻：社会教育論，ボランティア・NPO
著書：『生涯学習論』（共著，福村出版，1999年），『生涯学習支援のための参加型学習のすすめ方』（共編著，ぎょうせい，2000年），『博物館展示論』（共編著，樹村房，2000年），『生涯学習を拓く』（共編著，ぎょうせい，2001年），『学習プログラムの革新』（共編著，ぎょうせい，2001年），『クリエイティブな学習空間をつくる』（共編著，ぎょうせい，2001年），『博物館学基礎資料』（共編著，樹村房，2001年），『「民」が広げる学習世界』（共編著，ぎょうせい，2001年），『学校と地域でつくる学びの未来』（共編著，ぎょうせい，2001年），『生涯学習時代の教育と法規』（共著，ミネルヴァ書房，2003年），E. ハミルトン著『成人教育は社会を変える』（共訳，玉川大学出版部，2003年），『PTAハンドブック』（共著，社団法人日本PTA全国協議会，2003年），『学校・家庭・地域の連携と社会教育』（編著，東洋館出版社，2011年）

ボランティア活動をデザインする

| 2013年11月11日 | 第1版第1刷発行 |
| 2017年1月30日 | 第1版第4刷発行 |

編著者 田中 雅文
　　　　廣瀬 隆人

発行者　田中 千津子

発行所　株式会社 学文社

〒153-0064　東京都目黒区下目黒3-6-1
電話　03 (3715) 1501 (代)
FAX　03 (3715) 2012
http://www.gakubunsha.com

© Masafumi TANAKA / Takahito HIROSE 2013　　印刷所　亜細亜印刷
乱丁・落丁の場合は本社でお取替えします。
定価は売上カード，カバーに表示。

ISBN978-4-7620-2405-4